民族地区经济社会发展调研报告

——"精准扶贫"专辑

湖北民族地区经济社会发展研究中心课题组 著

中国财经出版传媒集团
经济科学出版社
Economic Science Press

图书在版编目（CIP）数据

民族地区经济社会发展调研报告/湖北民族地区经济社会发展研究中心课题组著．—北京：经济科学出版社，2017.7

ISBN 978-7-5141-8274-3

Ⅰ.①民… Ⅱ.①湖… Ⅲ.①民族地区经济-经济发展-研究报告-湖北②民族地区-社会发展-研究报告-湖北 Ⅳ.①F127.63

中国版本图书馆 CIP 数据核字（2017）第 180791 号

责任编辑：周秀霞
责任校对：刘　昕
版式设计：齐　杰
责任印制：潘泽新

民族地区经济社会发展调研报告
——"精准扶贫"专辑
湖北民族地区经济社会发展研究中心课题组　著
经济科学出版社出版、发行　新华书店经销
社址：北京市海淀区阜成路甲 28 号　邮编：100142
总编部电话：010-88191217　发行部电话：010-88191522
网址：www.esp.com.cn
电子邮件：esp@esp.com.cn
天猫网店：经济科学出版社旗舰店
网址：http://jjkxcbs.tmall.com
北京汉德鼎印刷有限公司印刷
三河市华玉装订厂装订
710×1000　16 开　12.5 印张　210000 字
2017 年 8 月第 1 版　2017 年 8 月第 1 次印刷
ISBN 978-7-5141-8274-3　定价：39.00 元
（图书出现印装问题，本社负责调换．电话：010-88191510）
（版权所有　侵权必究　举报电话：010-88191586
电子邮箱：dbts@esp.com.cn）

课题组成员

李海鹏 叶 慧 陈 芳 周 华
李 伟 张 雄 陈 彧

目　录

湖北省武陵山片区"精准扶贫"模式存在的问题与政策建议 ………… 李海鹏　1
农村最低生活保障制度公平性研究
　　——基于重庆市两个国家级贫困县的调查 ………………… 叶　慧　20
鹤峰葛仙米产业化中的农户价值取向：偏差与矫正 …………… 李红玲　29
民族地区农民创业能力提升与创业环境优化研究
　　——基于恩施州五县市的调查 ………………………………… 陈　芳　38
跨越边界的治理：武陵山龙凤示范区一体化的调查与思考 …… 李　伟　56
恩施市龙凤镇综合扶贫的成效、问题及建议 …………………… 张　雄　66
村庄政治精英对村庄经济发展影响研究
　　——以恩施州来凤县为例 ……………………………………… 苏　茜　79
基于需方感知满意度的公共卫生服务的评价研究
　　——以建始县为例 …………………………………… 金　莉　刘　伟　116
不同类型贫困户在社会医疗保障上的受益比较
　　——以湖北恩施来凤县为例 ………………………… 向　楠　叶　慧　138
家庭生命周期对农户贫困影响及建议对策的调研报告
　　——基于湖北恩施市的调查 ………………………… 李　贝　李海鹏　156
基于可持续生计框架的武陵山区农户贫困特质研究
　　——以湖北省恩施州龙凤镇10个村
　　　　为例 ………………… 李海鹏　方　敏　徐　帆　兰　昊　166
武陵山区农户土地利用行为变化对生态文明建设的影响
　　——以恩施市咸丰县为例 …………………………………… 侯沁言　177

湖北省武陵山片区"精准扶贫"模式存在的问题与政策建议

李海鹏

改革开放以来,由政府主导的大规模开发扶贫战略成效显著,我国走出一条倍受世界赞誉的"中国式扶贫"道路,从1978年到2014年累计减贫逾7亿人[①]。经过多轮扶贫攻坚,目前我国的贫困人口大多分布在"角落里"——深山区、高寒山区、偏远山区,不少地方面临"保护生态"与"加快发展"的矛盾。湖北省武陵山片区是地处老、少、边、山、库区,以土家族、苗族聚居,侗族、白族、蒙古族、回族等少数民族散杂居为主要特征的民族聚居贫困地区,11个县市中有国家扶贫开发工作重点县市10个,省定扶贫开发工作重点县1个。长期以来,由于受地理生态环境、区位交通条件、历史文化背景等多方面因素制约,经济社会发展滞后,区域整体性贫困与农村群体性贫困并存,扶贫开发工作任务十分艰巨。

2013年11月3日,习近平总书记在湘西调研扶贫工作时,明确提出扶贫工作"要科学规划、因地制宜、抓住重点,不断提高精准性、有效性和持续性"。湖北省武陵山片区各级政府全面响应中央"精准扶贫"的号召,积极探索"精准扶贫"的可行思路,通过"实施+探索+总结"的工作模式,各地区根据实际情况形成了不同的精准扶贫工作模式。

一、湖北省武陵山片区扶贫现状调查

(一)湖北省武陵山片区贫困现状

1. 贫困人口情况

2014年湖北省武陵山片区贫困人口数量为129.46万,贫困发生率高

[①] 《中国贫困人群超7 000万 贫困现状依然不容乐观》,http://www.nbd.com.cn/articles/2015-06-23/924775.html。

达30.63%。分县市来看，各县市2014年贫困人口数量最多的是恩施市达17.62万人，最少的是鹤峰县仅6.16万人；贫困发生率最高的是巴东县达42.3%，最低的是利川市为22.8%。

2. 饮水困难情况

2014年湖北省武陵山片区农村饮水困难户数为15.77万户。分县市来看，恩施市、利川市、建始县、巴东县、宣恩县五个县市的农村饮水困难户数都过万，其中农村饮水困难户数最多的是建始县达5.3万户，最少的是长阳仅0.14万户。饮水困难农户数占农户总户数比重最高的是建始县达到了40.4%，最低的是咸丰县仅5%，各县市平均水平为16.78%。

3. 交通运输情况

2014年湖北省武陵山片区各县市行政村通班车率平均为62.80%。分县市来看，行政村通班车率最高的为秭归县达90%，最低的是来凤县仅44%。各县市通公路的自然村占总数比重平均为74.43%，其中比重最高的是利川市达到了93.2%，最低的是咸丰县仅36%。

4. 电力使用情况

2014年湖北省武陵山片区电力达到全覆盖，通生产用电的自然村比重较高。分县市来看，秭归县、长阳县、五峰县、巴东县、来凤县、鹤峰县都达到了100%，其余县市通生产用电的自然村比重也都超过了90%，最低的是咸丰县仅91%。

5. 文化广电使用情况

2014年湖北省武陵山片区户户通广播电视的比例平均为73.09%，各县市之间差异较大，户户通广播电视比例超过90%的县市有五峰县、恩施市、利川市、建始县、巴东县、宣恩县、来凤县，最高的是建始县和巴东县均实现全覆盖，最低的为鹤峰县仅9.1%，相差近90%。自然村通宽带率平均为61.93%，各县市之间差异较大，其中通宽带率最高的是秭归县实现了全覆盖，最低的五峰县通宽带率只有22%。

6. 医疗卫生情况

2014年武陵山片区有合格村医的行政村比重为87.81%。分县来看，秭归县、长阳县、五峰县、恩施市、建始县、来凤县比重均达到100%，鹤峰有合格村医的行政村比重最小只有67%。武陵山片区有卫生室的行政村数为2 607个占比92.32%。分县来看，2014年各县市有卫生室的行政村比重达到100%的有秭归县、长阳县、五峰县、恩施市、建始县，达到90%以上的有利川市、咸丰县、来凤县，比重最小的是鹤峰县仅67%。

7. 参加新农保情况

2014年湖北省武陵山片区参加新农保达185.18万人次。分县来看，参加新农保人数在平均水平以上的有秭归31.36万人、长阳21.66万人、五峰8.30万人、恩施27.93万人、建始22.79万人、巴东23万人。总体看来，大部分县市参加新农保人数有显著提高，建始和巴东相对缓慢，五峰和来凤的社保工作可更加大力度。

8. 危房居住情况

2014年湖北省武陵山片区危房居住户数为30.47万户。分县来看，居住危房户数最多的三个县是巴东县6.7万户，秭归县5.97万户，利川5万户；危房户数较少的是五峰县0.08万户，恩施市0.4万户，咸丰县0.51万户。

9. 人均受教育情况

2014年湖北省武陵山片区人均受教育年限9年。分县市来看，在平均水平以上的地区有秭归为12年，五峰县为9年，恩施市为10年，受教育年限最低的是建始县为4年。

（二）湖北省武陵山片区扶贫现状情况

1. 扶贫资金投入与支出情况调查

2014年，湖北省武陵山片区扶贫资金投入的总额为29.22亿元，其来源主要包括中央财政扶贫资金、发展资金和扶贫贷款财政贴息资金、以工代赈资金、少数民族发展资金、省级财政扶贫资金、市县级财政扶贫资金、行业扶贫资金、社会帮扶资金等六个方面的资金。其中，行业扶贫资金的投入数量最大，具体数值为17.72亿元，占总额的比重为60.64%。在国家层面上，中央财政扶贫资金、少数民族发展资金、发展资金和扶贫贷款财政贴息资金等投入合计为9.63亿元，比重为32.97%。在地区财政层面，省级财政扶贫资金和市县级财政扶贫资金的投入额合计为0.6亿元，占总资金的比重为2.08%。此外，以工代赈资金和社会帮扶资金的投入额为1.25亿元，占总资金的比重为4.3%，详见表1。

表1　　2014年湖北省武陵山片区扶贫资金投入基本情况

来源	数额（万元）	比重（%）	来源	数额（万元）	比重（%）
中央财政扶贫资金	53 387	18.27	市县级财政扶贫资金	3 076	1.05
发展资金和扶贫贷款财政贴息资金	37 124	12.70	以工代赈资金	7 722	2.64
少数民族发展资金	5 838	2.00	行业扶贫资金	177 193	60.64
省级财政扶贫资金	3 020	1.03	社会帮扶资金	4 848	1.66
合计：292 208					

从扶贫资金支出情况来看，扶贫资金支出最多的三个县市分别是长阳土家族自治县、五峰土家族自治县以及利川市，分别为9.65亿元、4.64亿元和3.89亿元，占总资金的比重分别是33.03%、15.90%以及13.30%，合计为18.18亿元，合计比重为62.23%，详见表2。

表2　　2014年湖北省武陵山片区扶贫资金支出基本情况

县市	数额（万元）	比重（%）	县市	数额（万元）	比重（%）
秭归县	11 751	4.02	巴东县	14 857	5.08
长阳县	96 529	33.03	宣恩县	9 862	3.37
五峰县	46 449	15.90	咸丰县	10 541	3.61
恩施市	16 843	5.76	来凤县	11 536	3.95
利川市	38 859	13.30	鹤峰县	21 478	7.35
建始县	13 503	4.62	—	—	—
合计：292 208					

2. 具体扶贫项目与实施情况

（1）村级道路项目。湖北省武陵山片区截至2014年底累计完成村级道路畅通项目投资89.1亿元，其中包括通乡道路改造和通沥青路建设投入91亿元，农村公路安保工程和危桥改造投入10.1亿元，农村客运站点建设投入 2.8 亿元。整体来看，湖北省武陵山片区村级道路畅通项目目前仍着重于乡道改造和通沥青路建设，农村客运站投资落实情况较好，但总体村级道路项目进展缓慢，未开展前期工作的项目占比例较多；规划村级道路畅通项目总计 233 个，未开展前期工作的项目 72 个，已开工建设 59 个，正在开展前期工作 70 个，已完工 32 个，完工项目占总数仅 14%，详见表 3。

表3　　2014 年湖北省武陵山片区村级道路项目投资统计表

项目分类及数量	规划总投资（亿元）			截至2014年底累计完成投资（亿元）			年底完成投资占规划总额比例（%）		
	合计	政府	其他	合计	财政	其他	合计	政府	其他
村级道路畅通项目	398.6	274.1	129.8	103.9	89.1	14.9	26.08	32.50	11.44
通乡路改造和通村沥青路建设（185个）	350.6	246.4	104.0	91.0	78.6	12.4	25.95	31.90	11.91
农村公路安保工程和危桥改造（33个）	39.2	25.0	14.2	10.1	9.4	0.7	25.87	37.64	5.05
农村客运站点（15个）	8.8	2.7	11.6	2.8	1.1	1.8	32.14	40.35	15.06

（2）饮水安全项目。湖北省武陵山片区截至 2014 年底累计完成扶贫饮水安全项目投资额为 17.8 亿元，其中供水工程 17.1 亿元；农村学校师生安全饮水项目完成 0.7 亿元。扶贫饮水安全项目总计 61 个，其中未开展前期工作项目为 13 个，已开工建设项目 26 个，已完工项目 4 个，正在开展前期工作项目 18 个。总体来看，供水工程是重中之重，规划投资比例相对较大，饮水安全项目开工在建的比例达 42.61%，详见表 4。

表4　　2014 年湖北省武陵山片区安全饮水项目投资统计表

项目分类及数量	规划总投资（亿元）			截至2014年底累计完成投资（亿元）			年底完成占规划比例（%）		
	合计	政府	其他	合计	财政	其他	合计	政府	其他
饮水安全项目	73.6	36.8	36.8	17.8	12.7	5.0	24.13	34.53	13.72
供水工程（59个）	72.4	35.9	36.6	17.1	12.2	4.9	23.62	34.06	13.39
农村学校师生饮水工程	1.2	1.0	0.2	0.7	0.5	0.2	56.14	51.76	78.21

（3）农村电力保障项目。湖北省武陵山片区扶贫农村电力保障项目截

至2014年底，完成投资总计26.8亿元；其中农村电网改造项目19.8亿元，光伏、风电光电、小水电等项目6.9亿元。规划农村电力保障项目总计65个，未开工1个，未开展前期工作17个，已开工建设15个；已完工27个，占到了总项目的41.53%，正在开展前期工作6个。总体来看，光伏、风电光电、小水电等农村电力保障项目实施情况较为理想，详见表5。

表5　　2014年湖北省武陵山片区农村电力保障项目投资统计表

项目分类及数量	规划总投资（亿元）			截至2014年底累计完成投资（亿元）			年底完成占规划比例（%）		
	合计	政府	其他	合计	财政	其他	合计	政府	其他
农村电力保障项目	184.8	45.4	139.4	26.8	13.0	13.8	14.48	28.57	9.90
农村电网改造项目（38个）	53.7	20.2	33.4	19.8	12.1	7.7	36.91	59.72	23.12
光伏、风电光电、小水电等项目（27个）	131.1	25.1	105.9	6.9	0.9	6.1	5.30	3.49	5.73

（4）危房改造项目。湖北省武陵山片区危房改造项目截至2014年底，完成投资总计22.04亿元。规划共有11个项目，已开工建设的有10个，一个2014年底已完工，详见表6。

表6　　2014年湖北省武陵山片区危房改造项目投资统计表

项目分类及数量	规划总投资（亿元）			截至2014年底累计完成投资（亿元）			年底完成占规划比例（%）		
	合计	政府	其他	合计	财政	其他	合计	政府	其他
危房改造项目（11个）	60.87	23.63	37.24	22.040	4.740	17.300	36.21	20.06	46.45

（5）特色产业增收项目。湖北省武陵山片区截至2014年底特色产业增收项目累计完成投资总额为115.5亿元，其中种植业投资完成40.0亿元，养殖业投资完成13.6亿元，设施农业完成8.1亿元，农林产品加工业完成39.3亿元，农林产品科技和物流园完成14.4亿元。总体来看，主要的特色产业增收项目都处在已开工建设和正在开展前期工作过程中。数据显示，还有36.80%的规划项目未开展前期工作进程缓慢，详见表7。

表7　2014年湖北省武陵山片区特色产业增收项目投资统计表

项目分类及数量	规划总投资（亿元）			截至2014年底累计完成投资（亿元）			年底完成占规划比例（%）		
	合计	政府	其他	合计	财政	其他	合计	政府	其他
特色产业增收项目	634.4	97.4	537.0	115.5	21.8	93.7	18.20	22.41	17.44
种植业（134个）	150.7	40.8	109.9	40.0	11.6	28.4	26.54	28.42	25.84
养殖业（63个）	62.0	14.2	47.8	13.6	2.6	11.0	22.01	18.60	23.02
设施农业（31个）	33.3	14.2	19.1	8.1	2.8	5.3	24.40	19.92	27.73
农林产品加工业（137个）	221.7	21.6	200.1	39.3	4.4	34.9	17.74	20.29	17.46
农林产品科技和物流园（78个）	166.7	6.7	160.0	14.4	0.4	14.0	8.63	5.93	8.75

（6）乡村旅游扶贫项目。湖北省武陵山片区乡村旅游扶贫项目截至2014年底累计完成投资总额31.6亿元，其中农家乐项目完成投资3.9亿元，休闲观光农业项目完成投资10.5亿元，旅游名镇（村）项目完成投资13.7亿元，村落保护与民居改造完成投资3.5亿元。乡村旅游扶贫项目规划共71个，已开工建设项目39个，已完工项目1个，项目建设整体进展缓慢，详见表8。

表8　2014年湖北省武陵山片区乡村旅游扶贫项目投资统计表

项目分类及数量	规划总投资（亿元）			截至2014年底累计完成投资（亿元）			年底完成占规划比例（%）		
	合计	政府	其他	合计	财政	其他	合计	政府	其他
乡村旅游扶贫项目	112.4	27.2	85.2	31.6	9.9	21.7	28.14	36.36	25.52
农家乐项目（4个）	8.6	2.2	6.4	3.9	1.0	2.9	45.58	46.82	45.16
休闲观光农业（21个）	39.8	9.3	30.4	10.5	1.8	8.7	26.30	18.89	28.58
旅游名镇（村）30个	37.9	6.9	31.0	13.7	5.2	8.5	36.19	74.95	27.57
村落保护与民居改造（16个）	26.2	8.7	17.4	3.5	1.9	1.6	13.55	21.99	9.32

（7）教育扶贫项目。湖北省武陵山片区教育扶贫项目截至2014年底完成幼儿园建设项目投资2.6亿元；义务教育学校建设项目（周转宿舍和初中工程）完成投资18.2亿元；高中建设项目完成投资8.5亿元；中、高等职业学校建设项目完成投资2.3亿元；高等院校建设项目完成投资

0.6亿元。规划106个项目中已开工建设44个，已完工19个，正在开展前期工作31个，教育扶贫项目整体进展顺利，详见表9。

表9　　2014年湖北省武陵山片区教育扶贫项目投资统计表

项目分类及数量	规划总投资（亿元）			截至2014年底累计完成投资（亿元）			年底完成占规划比例（％）		
	合计	政府	其他	合计	财政	其他	合计	政府	其他
教育扶贫项目	108.5	94.1	14.2	34.4	32.2	2.2	31.72	34.22	15.60
幼儿园建设项目（17个）	11.7	7.2	4.5	3.2	2.6	0.5	26.90	36.20	12.03
义务教育学校建设项目（周转宿舍和初中工程）（43个）	63.2	57.4	5.8	19.4	18.2	1.2	30.70	31.79	19.86
高中建设项目（14个）	14.8	14.0	0.8	8.7	8.5	0.2	58.56	60.69	23.36
中、高等职业学校建设项目（21个）	14.6	12.2	2.4	2.3	2.3	0.1	16.00	18.66	2.50
高等院校建设项目（11个）	4.1	3.3	0.7	0.8	0.6	0.3	20.37	17.38	40.77

（8）文化建设项目。湖北省武陵山片区文化建设项目截至2014年底完成投资共计29.3亿元。其中，广电设施建设项目完成投资5.3亿元，"三馆一站"建设项目完成投资15.4亿元，文体活动广场建设项目完成投资5.8亿元。通过数据分析可见湖北省武陵山片区文化建设项目落实情况较好，详见表10。

表10　　2014年湖北省武陵山片区文化建设项目投资统计表

项目分类及数量	规划总投资（亿元）			截至2014年底累计完成投资（亿元）			年底完成占规划比例（％）		
	合计	政府	其他	合计	财政	其他	合计	政府	其他
文化建设项目	52.2	36.9	15.3	29.3	25.8	3.5	56.10	70.04	22.59
广电设施建设项目（33个）	16.3	10.3	6.0	5.3	4.6	0.7	32.60	45.01	11.51
"三馆一站"建设项目（12个）	23.7	19.9	3.8	15.6	15.4	0.2	65.75	77.44	4.23
文体活动广场建设项目（19个）	12.2	6.7	5.5	8.4	5.8	2.6	68.76	86.40	47.35

(9)贫困村信息化工程。截至 2014 年底湖北省武陵山片区贫困村信息化工程项目完成总投资为 11.5 亿元。其中通往贫困村光缆、信号、宽带等设施建设项目投资 10.8 亿元,学校宽带工程投资 0.7 亿元。数据显示,贫困村信息化工程项目共 36 个,正在开展前期工作的项目有 1 个,已开工建设项目有 9 个,已完工项目有 5 个,详见表 11。

表 11　　2014 年湖北省武陵山片区贫困信息化项目投资统计表

项目分类及数量	规划总投资（亿元）			截至2014年底累计完成投资（亿元）			年底完成占规划比例（%）		
	合计	政府	其他	合计	财政	其他	合计	政府	其他
贫困村信息化工程	48.0	6.3	41.7	11.5	2.6	8.9	24.07	41.55	21.44
通往贫困村光缆、信号、宽带等设施建设项目（22个）	46.4	5.7	40.7	10.8	2.4	8.4	23.39	42.36	20.74
学校宽带工程（3个）	1.4	0.4	1.0	0.7	0.2	0.5	50.00	50.00	50.00
行政村信息员培训工程（11个）	0.2	0.2	0.0	0.0	0.0	0.0	0.00	0.00	0.00

二、湖北省武陵山片区"精准扶贫"典型模式调研

2015 年 8 月在省社科联的组织下,调研组一行对湖北省武陵山片区精准扶贫工作进行调研。先后调研了宜昌市、秭归县、恩施市、龙凤镇、来凤县等地。各地区根据中央推进精准扶贫工作要求,积极探索实施精准扶贫的可行思路。通过"实施+探索+总结"的工作模式,各地区根据实际情况形成了不同的精准扶贫模式。

（一）宜昌市秭归县精准扶贫模式与实地调研情况

1. 整村推进"1119"精准扶贫模式

秭归县创新扶贫责任落实机制,对 48 个贫困村探索实施了"1119"整村推进扶贫模式,即由 1 名县委常委或人大、政协主要领导挂帅,1 名有实力的队长单位牵头,1 家规模企业与贫困村开展"村企共建",9 个县直单位结对帮扶 1 个贫困村,每年轮换一次,对贫困村实行集团式扶贫。

主要做法。一是坚持一年一统筹,明确责任。每年初,县委、县政府

召开专题办公会，研究具体措施，确定县级领导联村、部门帮村、项目资金捆绑、年终扶贫目标考核等事宜，制发"1119"帮扶贫困村文件，明确县级领导和各单位的帮扶职责。二是坚持一村一纪要，细化责任。以召开现场办公会并纪要的形式，将每一个整村推进贫困村的支持措施予以固化。三是坚持一季一督查，落实责任。县"两办"督查室每季度会同扶贫部门开展一次专题督查，检查各地各单位履责情况和帮扶落实情况，专项督察结果专题通报，倒逼帮扶单位全心履职、全力落实。四是坚持一轮一考核，追究责任。每年年终按照《县直单位帮扶贫困村工作考核评分细则》，对各地各单位扶贫工作进行考核评价，考评结果与各单位年度综合目标管理挂钩。坚持人大代表、政协委员视察整村推进工作的制度。

主要内容。一是优先解决基础设施问题。针对基础设施建设严重落后的实际，集中资金优先解决这些问题，重点围绕产业发展抓基础设施配套建设，着力改善农业生产条件，为贫困村发展奠定坚实的基础。二是重点研究产业发展问题。产业发展是整村推进的核心。帮助各村选准合适的产业项目，要求每个村培育1~2个主导产业并连片规模发展，坚持龙头企业和合作社带动，注重产业发展的后续管理。三是抓好村容村貌的改善。积极推行易地扶贫搬迁，鼓励居住在生存环境恶劣、扶贫成本高等区域的群众实施扶贫搬迁，对居住危房的贫困户实施危房改造工程，大力推进扶贫搬迁集中建房。四是抓好精准扶贫到户工作。紧瞄扶贫对象，加大扶贫到户力度，因户制宜，因户施策，开展精准扶贫到户工作。

2. 差别式精准扶贫到户模式

秭归县探索实施了差别式扶贫模式，破解扶贫项目"进村容易，入贫困户难"的问题。

精准识别，择贫而扶。在贫困户具体识别工作中，坚持"八不纳入"、"六看六比"、"五个优先"原则。八不纳入：即有公职人员的家庭；参加企业职工社会养老保险的家庭，包括灵活就业保险；全家外出打工半年以上的家庭；户籍不在本村的家庭；有轿车、客运车、货运车、工程车等大型机动车的家庭；有商品房的家庭；有实体产业的家庭；村干部家庭。六看六比：即看住房状况，比居住条件；看家庭设施，主要是彩电、冰箱、洗衣机、电脑、空调、热水器、机动车等高档非生活必需品，比消费水平；看劳动力状况，比家庭收入；看子女上学负担情况，比教育支出；看有无重症病人、残疾人，比医疗支出；看家庭受灾情况，比受灾损失。五个优先：即重病人家庭优先，重度残疾人家庭优先，重灾户家庭优先，危房户家庭优先，有在校学生家庭优先（不含学前及义务教育）。

极贫重扶。根据贫困户相对贫困情况，适当提高贫困户项目补助标准，实行极贫重扶。扶贫工作推进过程中，明确要求实施整村推进的贫困村，受扶持的贫困户资金补助标准高于一般农户。县扶贫办每年为10个贫困村安排专项到户资金100万元，用于500个贫困户精准扶贫。将特殊贫困户搬迁建房补助标准由每户1.2万元提高到2万元，贫困户到搬迁居民点建房，除享受搬迁补助政策外，为每户减收地基费5 000元以上。

扶其所长。在扶持项目的选择上，结合当地实际和贫困户意愿，实行一户一策、一户一扶、一户一帮。对有劳动能力的扶贫对象，安排适合农户脱贫增收的具体项目，帮助建立稳定脱贫的支柱产业；对有富余劳动力的贫困家庭纳入雨露计划给予资助，对留守在家的贫困劳动力开展农村实用技术培训；对需要改善人居环境的贫困对象，实施扶贫搬迁、危房改造、"一建三改"等项目；对临时因灾因病因教育返贫的贫困人口实行政府救助和社会资助，让其平稳过渡困难期；对没有劳动能力的贫困人口实行救助式扶贫，保障基本生活需要。

3. 秭归县精准扶贫实地调研情况

调研组先后走访秭归县的杨林桥镇天鹅村和九畹溪镇峡口村，分别走访了脱贫户和贫困户。

杨林桥镇天鹅村脱贫户有一家4口人，女儿已经出嫁，儿子外出务工。由于村里耕地面积有限，家里只承包2亩多旱地，只能勉强糊口。在政府扶贫工作开展以后，考虑到该家庭具备发展产业的潜力，在扶贫工作组积极扶持下，该农户开始发展生猪养殖，不仅实现了脱贫，还进一步实现了致富。目前该户生猪养殖年出栏50~60头，纯收入超过6万元。

杨林桥镇天鹅村贫困户有一家4口人，妻子前年由于家庭贫困离婚出走，留下3岁儿子和7岁女儿由70多岁的奶奶照看，程某除了耕种6亩多薄田外，还间歇性外出务工补贴家用。由于家庭被扶养人口多、负担重，扶贫工作小组首先为老人办理低保，解决老人生计；另计划通过扶持生猪养殖使程某就近就业。

九畹溪镇峡口村有一家4口人，主要家庭负担是赡养78岁老人和供养在校大学生。家里2亩茶园一年收入5 000元左右，1.5亩旱地基本是口粮地，外出间歇性务工年收入1万元左右。女儿就读湖北广播电视大学年支出约为 2 万元左右。扶贫工作小组给老人办理了低保和老人救助金，下一步计划通过对口资金安排解决该家庭教育支出。峡口村三组吴某家有 5 口人，4 个被抚养人口：一个 80 多岁老父亲、2 个未成年小孩和一个智障残疾的妻子，家庭极为贫困。由于妻子户口不在本地，家里只办理了 2 个人的低保。扶贫工作小组下一步计划通过极贫重扶，对口帮扶、政府兜底等办法帮扶脱贫。峡口村二组刘某家有 3 口人，2005 年儿子考上湖北工业大学，由于家庭贫困拿不出学费，儿子赌气外出务工至今未回，男主人 2008 年遭遇车祸致残，家里仅靠 2 亩茶园维持生计。扶贫工作小组下一步计划通过极贫重扶，一对一帮扶，解决房屋改建问题，扶持发展生猪养殖脱贫。

（二）恩施市精准扶贫模式

恩施市龙凤镇实施以"产业扶贫、搬迁扶贫、定向扶贫"为主的综合扶贫模式，探索以"投融资、镇村治理、农村产权经营、土地综合利用、公共服务均等化"为主的综合扶贫新机制，解决以"增收难、上学难、看病难、住房难、行路难、饮水难、用电难、留守难"为主的突出问题，构建"龙凤模式"。

1. 推进三种模式，实施精准扶贫

产业扶贫。通过建立农产品基地，发展支柱产业、订单农业、新型合作组织等，带动贫困农民调整产业结构，达到增收致富的目的。一是开展"滴灌式"扶贫。因地制宜，分村分户建立产业帮带措施，直接将产业发展资金补助到户、到人，解决贫困户"造血"功能不强、产业发展资金不足的问题。二是开展"喷灌式"扶贫。通过实施土地整治、农业综合开发等项目，打造"一村一品""一区一园"的产业结构，发挥品牌效益和规模效应，达到整体扶贫的目的。三是开展"池塘式"扶贫。汇集企业本金、农村集体经济收益、财政惠农资金、金融资金、农民合法产权，建立新型合作组织，让农民从中分享红利。四是建立市场风险保障机制。建立政府性抗市场风险调节基金，引进保险企业参与产业发展，提高农业产业抗风险能力。

搬迁扶贫。将条件恶劣区域的贫困人口搬迁到安置区，不断改善安置区的生产生活条件，调整产业结构，拓展增收渠道，使贫困人口逐步脱贫致富。一是根据试点建设总体规划和扶贫搬迁规划，引导试点贫困人口向

一主两副九个中心社区三十三个集中居民点搬迁。二是整合资金,差别奖补。整合专项扶贫、民族发展、生态移民、住房保障、危房改造、特色村寨保护与发展、新农村建设和土地出让收益等方面资金用于搬迁扶贫工作,根据贫困程度实行差异化奖补。三是群众自愿,分类指导。尊重群众意愿,根据不同搬迁对象、不同落户地点实行分类搬迁安置,确保"搬得出、稳得住、能发展、可致富"。

定向扶贫。精准识别,瞄准对象,找准原因,定向制定帮扶措施。一是按照《恩施市龙凤镇综合扶贫改革试点贫困人口建档立卡工作实施方案》相关规定,精准识别贫困人口,对贫困村、贫困户建档立卡,对贫困人口一年一评定,实行动态管理。二是深入分析贫困人口致贫原因,重点解决突出困难,分户制定帮扶措施。三是开展"四个一"结对帮扶工程(一名党员干部、一家企业或单位、一家银行共同帮扶一户贫困户),建立党员干部、企业或单位、金融机构对口联系贫困户机制。四是加大职业技能培训力度,提高贫困人口劳动力就业能力。五是对救助无法脱贫的特困人口,在尊重本人意愿的前提下,实行政府"兜底"安置。

2. 突出八项重点,解决民生难题

解决"增收难"问题。一是发展特色产业。引导贫困户实施坡耕地退耕还林,发展特色种植养殖,逐步达到"三个一"(一户一亩致富园,一户参加一个专业合作社,一户一年至少出栏一头商品猪)目标,增加农民收入。二是推进农民就业。加强贫困户免费职业技能培训,积极为困难群众提供就业岗位,确保一户贫困户至少有一名稳定就业人员。三是发展乡村旅游。围绕美丽乡村建设,依托区域优势旅游资源,促进休闲农业和乡村旅游业发展。

解决"上学难"问题。加快中小学、幼儿园基础设施建设及师资配备;加大贫困生助学力度,帮助因贫辍学的适龄儿童返校接受义务教育,免费让贫困学生到中等职业学校学习。

解决"看病难"问题。加快卫生院和村卫生室建设,到2015年前完成村卫生室标准化建设;积极引导贫困户参加新型农村合作医疗,增强贫困户就医保障;适当降低贫困户看病"入门"费用,适度提高贫困户大病报销比例,引导社会力量参与大病贫困户救助。

解决"住房难"问题。按照市人民政府《关于推进恩施市龙凤镇综合扶贫改革试点扶贫搬迁移民建镇实施意见》,分户制定贫困户房屋建设计划。

解决"行路难"问题。按照《龙凤镇综合扶贫改革试点道路交通规划》，加强交通条件落后村庄、扶贫搬迁区域、产业发展区域的公路建设，消除村级经济断头路；加强村组公路建设与养护管理，探索乡村公路养护管理长效机制；开通通村客运班车，探索开通农村校车。

解决"饮水难"问题。在扶贫搬迁安置点建设小型水厂，铺设供水管网；对无法搬迁但存在饮水困难的贫困户，建设小水窖；探索农村安全用水管理途径，实现以水养水的可持续发展路径。

解决"用电难"问题。加大农村电网升级改造工作力度，因地制宜实施大电网延伸工程，解决农村电力电压弱等突出问题。

解决"留守难"问题。充分考虑留守家庭需求，从政策、资金、技术等方面给予帮助和支持。一是积极发展适合留守妇女致富的项目。二是落实留守儿童教育和管理制度，形成以学习为主的教育管理模式。三是建立健全民间爱心服务组织，让每位留守老人感到社会温暖；探索居家养老与社会化养老相结合的养老模式，兴办农村养老福利事业。

三、湖北省武陵山片区"精准扶贫"存在的问题

1. 山区贫困发生率较高，扶贫资金缺口较大

恩施州贫困发生率36%，所辖8个市县都是国家扶贫开发工作重点县；宜昌市秭归、长阳、五峰等地的贫困发生率都超过25%，脱贫任务艰巨而紧迫。近年来，财政扶贫资金增长较快，但是由于原有基数小，整体蛋糕并不是很大，与其他涉农部门相比，投资额度较少。以秭归县为例，近几年每年扶贫资金在4 000万元左右，而该县有47个贫困村、6.11万农村贫困人口，三年要解决全县脱贫问题，现有的扶贫资金投入远远不够。

2. 历史欠账问题普遍，基础设施建设压力巨大

在整村推进过程中，水、电、路等基础设施改善是必须的，但以现有扶贫资金量很难兼顾精准到户扶贫和基础设施建设。据来凤县统计，"十二五"期间全县人均扶贫资金中，有2/3用于修路，仅1/3资金用于发展其他如产业发展、危房改造、饮水安全等项目，即便如此，现在全县每村

平均还差 10 公里路，大量从行政村到居民点的交通道路因资金问题无法修建。在宜昌市的秭归、长阳、五峰等贫困地区，除上述问题外，还存在农村公路硬化补助标准低的问题。如恩施州贫困地区因享受西部大开发政策，公路硬化国家补助标准是 50 万元/公里，而宜昌市的标准仅为 15 万元/公里。目前，宜昌市建制村公路基本实现了"村村通"，但自然村还有 4 332 个未通公路，占比达 35%。宜昌市拟纳入道路硬化的村组公路 6 000 公里，需投资 18 亿元左右，除上级补助资金外，地方配套需 10 亿元。巨大的基础设施建设压力，增加了片区整体脱贫攻坚的难度。

3. 贫困标准难以量化，贫困对象精准识别困难

在贫困户精准识别过程中，扶贫工作人员常常感到贫困的标准不好把握，缺乏易于比较的量化指标，遴选甄别贫困户有困难，亟需建立一套可操作性强的贫困识别标准。由于缺乏刚性标准，农民收入渠道多且难以核算，导致贫困户的识别有标准却不能用标准去评测，只能采取群众评定的办法，受多种因素影响，致使评定结果难以完全做到群众心服口服。在一些地方，已经摸索出一些行之有效的非贫困户"排除法"，如秭归县的"八不纳入"、"六看六比"、"五个优先"原则，但仍然没有彻底解决精准识别收入水平低、最需要扶助的贫困户的问题。

4. 贫困户内生动力不足，影响整体脱贫进度

一些贫困户"等、靠、要、懒"思想严重，沉溺于现状，对新生事物接受能力不足，对生活改善不抱希望，缺乏脱贫致富的积极性，以致很难帮助其脱贫。因此，扶贫还需"扶志"，要针对这些"等、靠、要、懒"贫困户的具体情况加以分析，摸索一套具体可行的可调动其积极性的帮扶措施。如帮助贫困户改善家居环境，改变村容村貌，通过影响其生活方式、改善其生活环境，来激发这些贫困户追求更美好生活的热情。

5. 扶贫政策靶向不精准，资金使用扶农不扶贫

一些针对贫困户的补贴存在"隐形门槛"，使真正的贫困户"看得到却拿不到"这些好政策，受惠者往往是生活条件较好的非贫困户。在以往的扶贫工作中存在着扶强难扶弱、补富不补穷、垒大户等情况。如武陵山片区各县的贫困户搬迁建房补助标准不超过 2 万元，但新建一套房的费用通常远高于 2 万元，建房资金需自筹部分过多，真正的贫困户很难自己解决。扶贫搬迁、农村沼气、饮水安全等项目都存在此类问题,造成了最需要帮助的穷人,因碍于自筹资金的压力,有补助却不敢要,反而享受不到扶贫福利,扩大了农村生活水平差距。

6. 扶贫缺乏可持续性,脱贫农户返贫率高

因武陵山贫困地区经济基础薄弱、生态环境脆弱、自然灾害频发、农村集体产业发展落后等多重因素交织作用,贫困地区返贫现象普遍,脱贫的稳定性差。一些贫困户脱贫以后,一旦遭遇自然灾害、生病、供学生上学等情况,往往会重返贫困。据统计,宜昌市每年返贫人口占比达到7.6%,约3.4万人,主要集中在兴山、秭归、长阳、五峰等山高坡陡的地区。精准扶贫精准脱贫需要建立长效机制,既要逐个帮扶贫困户脱贫,也要着眼长远规划实施一批造血式扶贫项目,重点培育和壮大农村集体经济的自我发展能力。农村集体经济是村级财力的主要来源,是提供农村公共服务的物质基础,实现农民增收致富的有力保障。村级集体经济的壮大,对防止脱贫户返贫、建立反贫困长效机制具有积极意义。

7. 精准扶贫任务繁重,专职人力投入不足

工作在精准扶贫一线的队伍,如县扶贫办工作人员、乡镇干部、村干部等,承接了来自各级政府、各个行业部门安排部署的多种扶贫任务和项目,一要抓基础设施建设,二要抓产业发展,三要抓扶贫到户,"上面千条线,下面一针穿",扶贫任务繁重,难度大,时间紧。随着全省扶贫攻坚决战决胜战略部署的推进,工作任务越来越重,扶贫队伍人力不足的问题愈发凸显。如秭归县扶贫办现有12名正式职工、2名非在编人员,要面向全县12个乡、47个贫困村、2.19万个贫困户开展工作,人力资源短缺严重。

四、湖北省武陵山片区"精准扶贫"政策建议

1. 增加山区扶贫资金投入,加大特惠政策支持力度

为保障精准扶贫工作切实落实,政府部门应加大扶贫资金投入。首先,在可行基础上,增加财政专项扶贫投入,圈定稳定的扶贫资金来源。以往确定新增财政的15%拨付扶贫专项支出,但新增财政由于统计口径不

一，很难落到实处。建议以地区土地出让金等核算较方便的资金的一定比例作为扶贫专项资金的稳定来源。其次，要完善金融服务体系。大力支持乡镇发展金融担保公司、小额贷款公司、农村资金互助社、村镇银行等新型农村金融组织，建立完善的多元化农村金融服务体系，激活农村金融市场。在条件成熟的贫困村，创建产业扶贫资金担保贷款模式。比如，由县产业扶贫资金出80%、项目合作企业出10%、贫困农户出10%的比例成立产业扶贫担保金，为全村贫困户申请产业贷款提供担保，解决成型的涉农产业专业合作社、龙头企业发展中的贷款需求。同时，在利率上给予优惠，引导金融资本向涉农产业流动。通过这种模式，既减轻了金融部门对贫困户的惜贷心理，又切实减轻了贫困户的负担。再者，制定涉农产业财税优惠政策。研究出台差别化的税费实施细则，对从事农产品生产加工的企业、个体户按最低税率计征相关税费，对符合政策的涉农项目实行财政奖补，激发民间参与涉农产业的积极性，做大做实涉农产业。

2. 多部门多途径整合资金，重点解决基础设施建设

大多数贫困地区基础设施建设严重滞后，扶贫开发过程中基础设施建设资金需求量巨大。通过宜昌市、秭归县、恩施州、来凤县等多地走访调研发现，贫困地区基础设施方面基本存在的共性问题是"路难走、缺饮水、少医疗、易受灾"。目前纳入扶贫的资金主要有扶贫开发资金、以工代赈资金、少数民族发展资金、扶贫贷款贴息资金、对口帮扶资金等，此外还有涉农部门管理和分配用于扶贫的有关资金。解决贫困地区基础设施落后的问题需采取切实可行的资金筹措办法，一方面充分发挥扶贫开发领导小组的综合协调职能，积极整合涉农部门扶贫工作职能和资金，将各部门涉农资金归集打捆为专项扶贫资金，整合各部门资金投入，改变分散管理导致的重复支持、资金分散使用、多头管理局面。如有效整合财政、土地、住建、水利、民政等多部门分散涉农资金，统筹资金配置，统一资金管理，集中资金办实事，提高资金效益。另一方面，拓宽资金来源渠道，改变财政资金单一投入的传统模式。建立社会资本进入贫困地区的基础设施项目建设机制，采取BT、BOT、特许经营等模式，将贫困地区的基础设施项目建设转托给资金雄厚、管理先进的民营公司，有效破解配套资金缺口难题，及时改善贫困地区基础设施条件。

3. 出台精准识别指导意见，圈定精准扶贫范围

按照党的十八大、十八届三中和四中全会精神以及习近平总书记在贵

州调研座谈会上的重要讲话精神，武陵山片区各级政府部门都群策群力落实"精准扶贫，不落一人"的要求。而在实践扶贫工作推进过程中，如何精准识别贫困存在很大困难，目前，省级层面上根据市州上报的贫困数据给各市州分配了贫困指标数，但具体的贫困标准没有统一的意见。由于受多种因素影响，各地区精准识别标准也不统一。如宜昌市就有"四看、四优先、七不准、五比五看"、"一察看二对照三计算四审定五分类六调整"、"四比四看，八有四保障"和"四看四算，八不纳入"等多种精准识别标准。由于贫困识别标准不统一，很可能产生类似现象，如家庭条件基本相同的两户人家由于所在区域不一样，一户被纳入扶贫对象得到帮扶，另一户被识别为一般农户而未纳入扶贫帮扶之列，这无疑会在老百姓之间产生很大的公平问题，进而影响地方政府公信力。为了准确圈定扶贫范围，高效利用有限扶贫资金，应出台省级层面精准识别指导意见。指导意见应明确贫困的识别标准，如从贫困农户的住房、教育、健康、劳动力、被扶养人口等方面确定贫困识别指标，划定贫困基准线。其次，制定从下而上的精准识别实施方案。具体实施方案可以借鉴宜昌市、恩施州的成功经验。例如，首先，开展逐户摸底工作。由县扶贫开发机构牵头，乡镇人民政府负责，通过户户见面、调查问卷和座谈交流等方式，逐户进行摸底调查，初步掌握每家每户家庭基本情况、收入支出构成情况和发展意愿等，摸清贫困家庭的真实底子。在此基础上，开展村级民主评议和公示工作。以摸底情况为依据，综合考虑村民住房、教育、健康、外出务工等情况，由村民小组召开村民会进行比选，再由村支两委召开村、组干部和村民代表会议进行比选，张榜公示；根据公示意见，再次召开村、社两级干部和村民代表会议进行比选，并再次公示；如无异议，将村级民主评议结束并进行公示后名单上报乡镇，由乡镇党委、政府根据贫困识别指导意见划定的贫困基准线来审核和最终确定扶贫对象，并再次进行公示后报县扶贫办复审确认。

4. 合理配置扶贫资源，做到扶贫的"无条件"

在"精准扶贫"工作推进过程中，提高到户项目扶贫标准，使"扶农"真正转化成"扶贫"。如当前秭归县实施的贫困户危房改建补助两万元，但农户危房改建平均投入为五万元以上，真正的贫困户由于负担不起中间的差额，使大多数扶贫到户项目只能做到扶农而非扶贫。因此，通过前期扶贫工作的建档立卡，在精准识别贫困户的基础上，根据贫困户的自身条件，实行分类帮扶，因户施策，将所有的扶贫资金、项目、物资尽可能按需进行配置。例如，针对一般贫困户的安全饮水、危房改建等项目，可以通过自己负担一部分政府帮扶一部分落实；对于极贫户只能是政府全部兜底。扶贫资金要绝对扶持到贫困户，又要使资金相对集中使用。在资金安排方面，要平衡好特惠与普惠两种资金分配方式。例如，在贫困村制定三个层面的产业扶持方案，即产业扶持资金的一部分实行特惠制扶持贫困户；余下的部分实行普惠制，奖励从事既定主导产业的所有农户，或用于发展村集体经济；联村单位、企业的扶持资金及县域重点产业建设资金安排一部分用于奖励大户。

5. 探索产业扶贫路径，实现可持续脱贫

精准扶贫要实现长远效应，确保扶贫的成果维持稳定，以彻底改变贫困的面貌。因此，重点探索产业建设与扶贫到户相结合的路径，把扶贫资金和区域重点产业开发资金、信贷扶贫资金等有效叠加，支持贫困户发展增收项目。例如，通过示范带动模式，安排部分扶贫资金以村集体名义向合作社或大户入股，建立特色产业标准化示范场，为农户提供示范、技术指导和场销售等服务。村集体所得部分利润用于扶持贫困户，剩余的用于全村分红或再投资或基础设施建设。贫困户在示范引导下，利用得到的扶贫资金按统一要求可以发展同类项目。来凤县的藤茶种植就是这种模式。另外一种是企业订单模式。由村集体或企业利用扶贫资金建设标准化生产基地，免费或低价让贫困户使用。三是融资合作模式。以扶贫资金为主，联合企业资金建立担保基金，为贫困户提供贷款担保，贫困户获得贷款后，按企业计划开展生产。四是股份合作模式。对于产业发展条件较差、经营能力较弱的贫困户，引导他们把量化到人的扶贫资金连同土地等生产资料入股到某一合作社或大户，作为贫困户的永久性投资，实现所有权与经营权分离，既有效保障项目开发质量，提高成功率，又切实让贫困户有机会分享发展成果。

农村最低生活保障制度公平性研究

——基于重庆市两个国家级贫困县的调查

叶 慧

一、引言

农村最低生活保障制度（简称农低保）是保障贫困人口基本生活权利和维护其最低生活需要的社会救助制度，是中国社会保障体系的"最后一道安全网"。2007年国务院公布了《关于在全国建立农村最低生活保障制度的通知》，至此农低保制度正式确立，维护社会公平是其核心建制理念。但是，由于收入核查难，导致"错保"、"漏保"与"关系保"、"人情保"等个别现象出现，极大损害了社会保障制度的公正形象，造成干群矛盾，尤其是在社会保障最被需要的贫困地区。陆杰华、吕智浩（2008）提出，在实际操作中，过分强调低保户认定过程中的民主，以票决制确定低保户，这在民主与法治程度不高的农村易于异化为按宗族、亲缘等关系获得低保资格，损害低保确认的公正性。丁建文、刘飞（2009）认为越是贫困落后地区，贫困农民的诉求能力越是薄弱，民主意识越是不强，低保服务人员水平越是不高，入保公平越是难以保障。不公正的入保带来的是低保资源无效使用。公平入保在低保资源有限的条件下越显得重要。易红梅、张林秀（2011）研究发现全国样本村只有25.5%的最贫困农户在2007年得到了低保，农低保制度瞄准效率不高，瞄准遗漏和瞄准漏出同时存在。据此，2012年国务院公布《关于进一步加强和改进最低生活保障工作的意见》。意见提出了加强和改进最低生活保障工作基本原则，即要坚持应保尽保，坚持公平公正，坚持动态管理，坚持统筹兼顾。那么，农村社会保障制度公平吗？为回答此问题，本书以重庆市两个国家级贫困县295户农户为例，通过构建低保户识别模型和农户低保政策公平评价模型来评价农村最低生活保障制度的公平性。

二、研究背景与数据来源

（一）研究背景

A区和B县位于重庆渝东南地区，均属于国家级贫困县，社会保障是贫困地区社会稳定的"安全网"、经济运行的"调节器"，是建设和谐社会的重要组成。农村最低生活保障制度是国家和社会为保障收入难以维持最基本生活的农村贫困人口而建立的社会救助制度。农低保实行地方人民政府负责制，按属地进行管理，调查地区以县（区）为单位进行管理。低保标准依据当地农村经济社会发展水平和财力状况来合理确定，低保金实行差额补贴，调查地区低保金=（低保标准-家庭人均收入）×家庭人数。低保对象按照公开、公平、公正原则产生，并实行按年、半年或季度的动态管理方式。调查地区低保户产生程序：审查受理、调查核实、听证评议、张榜公示、乡镇审核、区县民政局审批、张榜公布、发放低保证和低保金。低保资金来源主要以地方筹集为主，调查地区资金绝大部分来源于市级财政。

2012~2013年重庆市A区低保标准为每人每月185元（约每人每年2 220元），接近于国家统计局公布每人每年2 300元的贫困标准。2012年第四季度全区有7 822户16 698人享受农村最低生活保障，占全区农业人口310 978人的5.37%。第四季度发放保障金3 033.9万元，月人均补助水平129.76元。B县低保标准为每人每月180元（约每人每年2 160元），2012年第四季度全县有15 248户24 641人享受农低保政策，占全县农业人口773 926人的3.2%。第四季度发放保障金3 720.4万元，月人均补助水平123.5元。

（二）数据来源与描述

农村最低生活保障制度公平吗？为回答这个问题，笔者2013年7月带领经过培训的社会保障专业研究生对重庆市A区和B县进行抽样调查。走访4个乡镇，共收集300户农户资料，剔除信息不全的样本，有效样本量为295户，样本数据是个截面数据。为了评价农村最低生活保障制度是否公平，笔者从两个方面进行分析：一是客观上评价低保户产生程序是否公平，通过构建低保户识别Logistic模型来分析农户"吃低保"是否存在某些人情因素；二是主观上评价低保政策是否公平，通过构建农户低保政策公平评价的有序多分类Logistic模型来进一步明确人情因素的作用方向及影响程度。其中因变量1表示农户是否是低保户，0为否，1为是；因变量2表示农户对农低保公平评价，1为公平，2为一般，3为不公平。自变量包括三类变量组：（1）户变量组，包括户主民族、家庭人均耕地、劳动力人数、医疗支出比例、教育支出比例。（2）个体变量组，包括受访者年龄、受教育程度、健康状况。（3）人情因素组，包括家庭特殊经历、亲朋好友交往程度、参加村活动次数。模型变量赋值及其描述性统计结果如表1所述。

根据表1发现，一是低保政策评价不高。样本户低保覆盖率为7.5%[①]，45.4%样本户认为低保政策公平，35.3%样本户认为政策一般，19.3%样本户认为政策不公平。二是样本户生计资本一般，生活负担较重。样本户中少数民族家庭有245人，约占样本数的83%，其中土家族是样本户最主要的民族；家庭人均耕地面积1.42亩，劳动力人数3人，劳动力约占总人口的60%，耕地和劳动力资源与全国平均水平相当[②]；2012年样本户人均医疗支出888.5元，教育支出1 277.3元，家庭生活负担较重。三是受访者人力资本条件一般。受访者平均年龄为46岁，受教育程度为初中，健康状况自我评价大多为一般或比较健康。四是样本户社会资本较丰富。20.7%的家庭有干部或老板；受访者与村寨亲朋好友交往程度大多为非常亲密、比较亲密或一般；受访者参加村活动次数平均为4.65次，详见表1。

表1　　　　　　　　　　模型变量与统计描述

变量		变量解释	百分比（平均数）
因变量1	低保户识别	是否是低保户0（否）	调查户不是低保户，参照组	92.5%
		是否是低保户1（是）	调查户是低保户，为1，否则为0	7.5%
因变量2	低保政策公平评价	低保公平评价1（公平）	受访者认为低保政策公平	45.4%
		低保公平评价2（一般）	受访者认为低保公平程度一般	35.3%
		低保公平评价3（不公平）	受访者认为低保政策不公平	19.3%

---

① 调查样本7.5%的低保覆盖率高于A区5.37%和B县3.2%的官方数据，可能的解释是：官方数据是季度数据，调查数据是年度数据，由于低保程序实施动态管理，申请者可能在一年内只有一段时间吃低保。在不吃低保的季度，申请者在官方数据中是不算低保户的，但在调查的年度数据中算低保户，故调查覆盖率肯定大于官方数据。

② 根据国家统计局《中国统计年鉴2012》资料，以2008年全国土地调查数据为依据，全国耕地面积121.72万平方公里，人均耕地1.38亩。以2010年第6次全国人口普查数据为依据，全国15～64岁人口占家庭比例74.53%。

续表

变量			变量解释	百分比（平均数）
自变量（户）	民族	民族0（汉族）	户主为汉族，参照组	16.95%
		民族1（土家族）	户主为土家族，为1，否则为0	68.81%
		民族2（苗族）	户主为苗族，为1，否则为0	14.24%
	家庭人均耕地		人均耕地面积（亩）	1.42
	劳动力人数		16~64岁人口数（人）	3.0
	医疗支出比例		医疗支出占家庭总支出比例（%）	11.33
	教育支出比例		教育支出占家庭总支出比例（%）	14.21
自变量（个体）	年龄		受访者的年龄（年）	46
	受教育程度		受访者受教育年限（年）	9
	健康状况	健康状况1（非常健康）	受访者身体非常健康	19.66%
		健康状况2（比较健康）	受访者身体比较健康	35.25%
		健康状况3（一般）	受访者身体一般	29.15%
		健康状况4（较差）	受访者身体较差	13.90%
		健康状况5（非常差）	受访者身体非常差	2.03%
自变量（人情）	特殊经历	特殊经历0（无）	家庭没有干部或老板	79.3%
		特殊经历1（有）	家庭有干部或老板	20.7%
	亲朋好友交往程度	亲朋好友交往程度1（非常亲密）	与村寨朋友或邻居交往程度非常密切	33.33%
		亲朋好友交往程度2（比较亲密）	与村寨朋友或邻居交往程度比较密切	29.25%
		亲朋好友交往程度3（一般）	与村寨朋友或邻居交往程度一般	33%
		亲朋好友交往程度4（不太亲密）	与村寨朋友或邻居交往程度不太密切	3.74%
		亲朋好友交往程度5（基本无来往）	与村寨朋友或邻居基本无来往	0.68%
	参加村活动次数		近一年参加村里召集会议和活动的次数（次）	4.65

三、低保户产生程序公平性检验

（一）理论假定

理论上，影响农户"吃低保"的因素仅仅是家庭人均纯收入，但在实践层，政府会考虑低保申请者的贫困类型，即属于因病、因灾、因学中的哪一种，涉及对申请者所在家庭生活支出的核算。另外，低保户申请以家庭为单位，政府会考虑整个家庭的收入和支出情况，而不会考虑个人收支特征。因此，本书主要选择户自变量和人情自变量来分析因变量1，包括民族、家庭人均耕地、劳动力人数、人均医疗支出、人均教育支出、特殊经历、亲朋好友交往程度、参加村活动次数。理论假定如下：

假定1，家庭生计资本变量与低保户识别变量呈负相关。即人均耕地越少或劳动力人数越少，农户越有可能"吃低保"。

假定2，家庭支出变量与低保户识别变量呈正相关。即医疗支出比例或教育支出比例越多，农户越有可能"吃低保"。

假定3，家庭人情变量与低保户识别变量无相关性。即无论家里是否有干部或老板，无论与亲朋好友交往亲不亲密，无论参加村活动次数多少，均与农户能否"吃低保"无关，由此说明低保户产生程序是公平的。

（二）实证结果与经济分析

运行STATA统计软件，采用自变量全部回归法和逐步回归法分别估计低保户识别Logistic模型，并计算出比值比，结果见表2。根据表2的回归结果，全部回归法的模型拟合优度为22.33，逐步回归法为12.45，两模型均通过似然比显著性检验，回归方程有效。其回归系数及比值比OR如下所述：

第一，民族变量对低保户识别无显著影响。由此说明，农户能否"吃低保"与农户民族身份没有直接关系。

第二，家庭生计变量对低保户识别有显著影响，劳动力人数越少，农户越有可能"吃低保"，假定1成立。其他变量不变的情况下，家庭劳动力每增加1人，农户成为低保户的概率将是劳动力人数没有增加时的0.502倍，即劳动力人数增加将减少农户成为低保户的概率。

第三，家庭支出变量对低保户识别有显著影响，教育支出比例越高，农户越有可能"吃低保"，假定2成立。其他变量不变的情况下，教育支出比例每增加1%，农户成为低保户的概率将是教育支出没有增加时的6.013倍，即教育支出比例增加将增加农户成为低保户的概率。

第四，家庭人情变量对低保户识别无显著影响，假定3不成立。由此说明，低保户产生程序不受家庭是否有干部或老板、亲朋好友交往程度和参加村活动次数影响，低保户产生程序是公平的，详见表2。

表 2　　　　　　　　低保户识别的 Logistic 回归结果

变量	全部回归法		逐步回归法	
	回归系数	比值比	回归系数	比值比
民族 1（土家族）	1.551	4.716		
民族 2（苗族）	1.824	6.195		
人均耕地	0.149	1.160		
劳动力人数	-0.697**	0.498	-0.689***	0.502
医疗支出比例	1.875	6.521		
教育支出比例	2.622**	13.757	1.794*	6.013
特殊经历	-0.284	0.753		
亲朋好友交往程度	-0.002	0.998		
参加村活动次数	-0.104	0.901		
截距	-2.973	0.051	-1.263**	0.283
LR chi2	22.33***		12.45***	
伪 R^2	0.1611		0.083	
对数似然值	-58.150		-68.748	

注：比值比 OR 代表在其他情况不变时，x_i 变化 1 个单位，新发生比是原发生比的 $\exp(b_i)$ 倍，其中 b_i 代表 x_i 的回归系数；*、**、*** 表示在 10%、5% 和 1% 水平上显著。

四、低保政策公平评价检验

（一）理论假定

影响农户低保政策公平评价的因素包括农户家庭经济条件、农户对政策理解程度、农户政策参与程度等，涉及户、个体和人情三类自变量。因此，本书选择民族、家庭人均耕地、劳动力人数、人均医疗支出、人均教育支出、年龄、受教育程度、健康状况、特殊经历、亲朋好友交往程度、参加村活动次数等变量来分析因变量 2。理论假定如下：

假定 1，家庭生计资本变量与低保政策公平评价变量呈正相关。即人均耕地越少或劳动力人数越少，农户越能从低保政策中受益，对政策公平评价越高。

假定 2，家庭支出变量与低保政策公平评价变量呈正相关。即医疗支出或教育支出越多，农户越可能陷入贫困，越能从低保政策中受益，对政策公平评价也会越高。

假定 3，受访者人力资本变量与低保政策公平评价变量呈负相关。即年龄越大或受教育程度越高，对政策越能理解，对政策公平评价越高。健康状况越差的农户，越能从政策中受益，对政策公平评价可能越高。

假定4，家庭人情变量与低保政策公平评价变量无相关性。即无论家里是否有干部或老板，无论与亲朋好友交往亲不亲密，无论参加村活动次数多少，均与农户低保政策公平评价变量无关，由此假定低保政策是公平的。

（二）实证结果与经济分析

运行STATA统计软件，采用自变量全部回归法和逐步回归法分别估计低保政策公平评价的有序多分类Logistic模型，并计算出比值比，结果如表3所示。根据表3回归结果，全部回归法的模型拟合优度为67.82，逐步回归法为63.34，两模型均通过似然比显著性检验，回归方程有效。其回归系数及比值比OR如下所述：

第一，民族变量对低保政策公平评价无显著影响。由此说明，农低保政策是否公平的主观评价，与农户民族身份没有直接关系。

第二，家庭生计变量对低保政策公平评价有显著影响，符合假定1。其他变量不变的情况下，家庭劳动力每增加1人，农户对低保政策公平评价的概率将会下降，比值比为1.178，由此说明，劳动力人数越少，农户越能从低保政策中受益，对政策公平评价越高。

第三，家庭支出变量对低保政策公平评价无显著影响，不符合假定2。由此说明，农低保政策是否公平的主观评价，与农户生活压力没有直接关系。

第四，受访者人力资本对低保政策公平评价有显著影响，符合假定3。其他变量不变的情况下，受访者受教育程度越高，就越可能认为政策公平，比值比为0.885。

第五，家庭人情变量对低保政策公平评价有显著影响，不符合假定4。其他变量不变的情况下，亲朋好友交往越亲密，农户对政策公平性评价的概率就越高，比值比为1.278。其他变量不变的情况下，受访者参加村活动次数越多，对政策公平性评价的概率越高，比值比为0.856。人情变量的影响虽然不符合假定4，但是也无法否定农村最低生活保障制度的公平性。对其解释为，一是亲朋好友交往程度虽然对低保政策公平评价有影响，但对低保户识别无显著影响，说明亲朋好友交往程度对低保户的民主评困影响不大，同时亲朋好友交往越亲密的家庭可能对生活满意程度越高，因此对低保政策更能理解和认同。二是参加村活动次数虽然对低保政策公平评价有影响，但对低保户识别无显著影响，说明参加村活动次数对低保户的民主评困影响也不大，同时农户参加村活动次数越多，对政策理解程度会越高，对低保政策公平评价就会更高，详见表3。

表3　　　　　　　低保政策公平评价的 Logistic 回归结果

变量	全部回归法		逐步回归法	
	回归系数	比值比	回归系数	比值比
民族1（土家族）	0.290	1.336		
民族2（苗族）	0.139	1.149		
人均耕地	-0.048	0.953		
劳动力人数	0.177**	1.194	0.164**	1.178
医疗支出比例	-0.335	0.715		
教育支出比例	0.659	1.933		
年龄	-0.003	0.997		
受教育程度	-0.134***	0.875	-0.122***	0.885
健康状况	0.125	1.133		
特殊经历	0.377	1.458		
亲朋好友交往程度	0.243*	1.276	0.245*	1.278
参加村活动次数	-0.160***	0.853	-0.155***	0.856
LR chi2	67.82***		63.34***	
伪 R^2	0.114		0.105	
对数似然值	-262.563		-269.901	

注：比值比 OR 代表在其他情况不变时，x_i 变化1个单位，新发生比是原发生比的 $\exp(b_i)$ 倍，其中 b_i 代表 x_i 的回归系数；*、**、*** 表示在10%、5%和1%水平上显著。

五、结论与对策

以重庆市两个国家级贫困县295户农户为样本，本书通过构建低保户识别 Logistic 模型和农户低保政策公平评价的有序多分类 Logistic 模型来评价农村最低生活保障制度公平性。研究发现：一是贫困地区低保产生程序不受人情因素影响，影响"吃低保"的因素包括家庭劳动力人数、教育支出比例变量；二是农户对政策公平性评价不高，仅有45.4%样本户认为低保政策公平；三是低保公平性评价结果受主观人情因素影响，亲朋好友交往程度越高的家庭对政策公平性评价更高、参加村活动次数越多的受访者对政策公平性评价更高。由此说明，低保政策客观上在低保户产生程序方面是公平的，但在农户主观评价上公平程度不高。

以上结论得到的政策启示包括：一是加强政策宣传，使农户理解和认同低保政策实施的意义，即低保政策是扶危济困的救助措施而不是普遍受惠的福利措施；二是完善低保户产生程序，评选出真正贫困家庭，让农户对评选结果心服口服；三是完善低保户动态管理制度，包括低保户退出机制、低保户监管机制等，杜绝低保养懒汉现象，使低保资金真正用在最需要和最应该帮助的人群身上；四是加强低保工作监管机制和投诉举报核查机制，杜绝人情保和关系保现象，让低保工作时刻接受老百姓的监督。五是整合低保、五保、扶贫等到人到户政策，杜绝给低保户打上特殊身份标签，使其享受多种政策的重叠优惠。

参 考 文 献

[1] 国务院. 关于在全国建立农村最低生活保障制度的通知 [EB/OL]. http：//www.gov.cn/zwgk/2007-08/14/content_716621.htm，2007-08-14.

[2] 陆杰华，吕智浩. 完善农村低保机制促进社会公平正义 [J]. 北京观察，2008（2）：23-25.

[3] 丁建文，刘飞. 公平与效率下农村低保"准入—退出"机制分析 [J]. 江西农业大学学报（社科版），2009（3）：54-57.

[4] 易红梅，张林秀. 农村最低生活保障政策在实施过程中的瞄准分析 [J]. 中国人口·资源与环境，2011，21（6）：67-73.

[5] 国务院. 关于进一步加强和改进最低生活保障工作的意见 [EB/OL]. http：//www.gov.cn/zwgk/2012-09/26/content_2233209.htm，2012-09-26.

[6] 白润嘉. 新政策低保标准涨至340元能不能拿30天就知道 [EB/OL]. http：//cq.cqnews.net/html/2012-10/15/content_20600530.htm，2012-10-15.

[7] 民政部规划财务司. 2012年12月份全国县以上农村低保情况 [EB/OL]. http：//files2.mca.gov.cn/cws/201301/20130128180188.htm，2013-01-28.

鹤峰葛仙米产业化中的农户价值取向：偏差与矫正

李红玲

一、调研背景

鹤峰县地处湖北省西南部，隶属于恩施土家族苗族自治州，东南与正南方向与湖南省石门县、桑植县毗邻。和武陵山区其他县域一样，受地理区位限制，鹤峰县经济社会发展水平一直相对滞后。2014年，鹤峰县人均国民生产总值（GDP）为19 656元，远低于4.66万元/人的全国同期水平，在恩施州内8市县中再次排名倒数第一。2015年10月，十八届五中全会提出全面建成小康社会新要求，作为长期的国家级贫困县，鹤峰县在实现"我国现行标准下，贫困县全部摘帽，解决区域性整体贫困"的建设目标面前，面临较大压力。

近年来，鹤峰县积极探索区域发展新思路。《武陵山片区区域发展和扶贫攻坚规划》第五章第二节和第七节提出，要将"大力建设特色高效农业"、"产业化扶贫"作为产业政策导向；《关于创新机制扎实推进农村扶贫开发工作的意见》提出，要将"特色产业增收"作为推进农村扶贫开发的重要之举。受这些政策引导，鹤峰县也先后通过调结构、打基础，逐步形成了以茶叶、烟叶、蔬菜和畜牧为主要内容的产业集群，目前建成特色产业"万亩乡镇"8个和特色产业"千亩村"176个。2013年，鹤峰县实现全年农林牧渔业总产值10.15亿元，较好促进了当地农民增收。

然而，引起研究者关注的是，作为国家地理标志保护产品的"鹤峰葛仙米"却在当地特色产业发展中默默无闻、长期缺位。各项资料显示，葛仙米是名贵食材，鹤峰县是葛仙米的原产地和主产区，特别是葛仙米的市场价格可观，商业成长性良好，这些都使其具备成为当地经济发展推动力的条件。但实际发现，葛仙米对当地经济贡献非常有限，当地政府甚至对其年产值缺乏准确统计，这种现象值得探讨。

为探求鹤峰葛仙米产业化中存在的问题和障碍，调研组于2015年1月和2015年7月，分两次对当地进行了探索性实地调研。调研以访谈和座谈为主，调研对象包括当地种植户、乡镇农业经济主管领导和县级相关职能部门领导等。初步结果显示，当地政府和农户对葛仙米开发在价值取向上存在偏差，这是导致其产业化进程缓慢的关键障碍。通过政策引导对各个偏差分别进行矫正，是推动葛仙米产业化、服务于当地经济社会发展的迫切需求。

二、鹤峰葛仙米产业化的可行性分析

（一）葛仙米简介

葛仙米虽然名称中含"米"字，却属于一种淡水野生藻类，学名"拟球状固氮蓝藻"，鹤峰当地人称"木耳"。由于其果实晒干后一粒粒饱满圆润如米粒，因此被简单形象地称为"米"。鹤峰当地传闻称，葛仙米本来被世人所知甚少，东晋医学家、道教理论家葛洪发现其味道鲜美、营养丰富，并具有一定药用价值，于是向世人推荐，它才得以天下知。"葛仙米"这一称呼则是物托人名，以纪念这位"葛仙公"的结果。现实中，葛仙米的食用和药用历史在《本草纲目》《药性考》《农政全书》《本草纲目拾遗》《全国中草药汇编》等古今典籍中都能看见。现代化学成分分析表明，葛仙米含有18种氨基酸、15种矿物质，维生素C的含量比山楂和柑桔都高，具有提高人体免疫力、美容养颜、降脂降压的功能。

（二）鹤峰葛仙米的产业化优势条件

葛仙米不需要单独种植，而是作为副产品自然生长在收割以后的水稻田里，人工对其进行跟踪打理即可收成。作为一种低温高光强度藻类，其生长的最适温度为10℃~20℃，最适pH值为7.0左右，对土壤湿度要求也非常严格。磷矿和硒矿床是其生长的理想条件，除草剂、化肥等现代工业污染都会妨碍其生长。由于对生态条件要求高，因此在世界范围内的产区面积和产量均极为有限。

鹤峰县地处北纬30°附近，年平均气温约为12.2℃；多年来生产力发展缓慢，工业化程度低，特别是其磷矿丰富，这些都为葛仙米的生长提供了有利条件。已故中科院院士、中科院水生生物研究所黎尚豪研究员经考证后曾指出:"葛仙米在世界范围内仅非洲 11 亩地,产量甚微,中国湖北襄樊地区仅有 7 分地。然而湖北鹤峰走马坪有万亩之产地,且产量之高,实属世界罕见。"黎院士所说的"走马坪",正是鹤峰县走马镇。近年来,由于环境变化,鹤峰县产区面积也有所缩小,但几乎仍然是葛仙米全球唯一产区。

走马葛仙米早在 1998 年就获得中国农业博览会(武汉)金奖,2008 年获得绿色食品认证和农业部农产品地理标志认证,2010 年获得国家商标局批准的商标注册;2014 年 4 月,国家质检总局正式批准对"鹤峰葛仙米"实施地理标志产品保护,保护范围为鹤峰县铁炉白族乡、走马镇、五里乡、太平乡、容美镇等 5 个乡镇现辖行政区域;2015 年 7 月,葛仙米获得地理标志;2015 年 7 月,鹤峰葛仙米被列为湖北省首批地理标志产品保护性开发项目。与此同时,随着人们生活水平提高,保健意识逐渐增强;再借助于互联网推动,葛仙米的食用和药用价值日渐被国内外消费者认知,市场需求不断扩大,但由于其生产的地域性限制,目前全球年产量不足 5 吨。这种供求关系下,葛仙米市场价格持续走高:2014 年第 23 届中国食品博览会上,鹤峰葛仙米干货售价已达 4 000 元/斤;当地人士透露,出口销售中,部分优质葛仙米干货价格甚至突破了每市斤 2 万元。

总之,鹤峰县具有生产葛仙米的天然优势,产品也具有较好市场前景,应该得到进一步开发。经济预期方面,据当地种植大户经验判断,只要方法得当,亩产 30 斤干货"很正常";以平均 2 000 元/斤的保守价格估算,亩产收益可达 6.0 万元;目前该县能产葛仙米的水田面积在万亩以上,如果能得到有效开发,仅这一项特色产业,其直接年产值就可达数亿元。不仅如此,葛仙米是鹤峰良好生态的有力标识,它有望成为地方名片并进一步拉动生态旅游、生物医药、绿色食品等相关产业并创造间接收入。

三、鹤峰葛仙米产业化中的农户价值取向偏差

良好的市场化前景下,在鹤峰县,并没有形成家家户户参与生产葛仙米的积极局面。事实上,目前该县尚未形成葛仙米产业化的基本格局,农民缺乏组织化和领导协调,各项生产、加工和销售等环节均靠个体农户自发决策完成。在价值取向上,也形成三方面偏差。

偏差一，对传统经验和现代科技的把握。

科技是第一生产力，现代农业的关键特征是科技力量在生产中的渗透。葛仙米在产业化中遇到的第一个偏差，就是生产过程过于依靠传统经验而没有充分借用科技的力量，由此对产品产量和品质的决定因素发生不当判断。

多年来，葛仙米生产技术进展缓慢，农户主要依靠世代相传的经验，偶尔有自己的主观摸索，这使得他们对葛仙米的生长习性缺乏理性认知。调研中，种植户反映，葛仙米对生长条件要求很奇特、很敏感，有的稻田连续多年不生长，突然某年却长势良好；有时两块相邻的稻田一块生长另一块却完全不生长，甚至同一块稻田里只有半边田生长。对于这些现象，即使是有多年种植经验的农户，也难以给出有力解释。董文是千金村的种植大户，2014年，为了增加产量，他尝试着向田里添加油菜秸秆施肥，结果原本的高产田反而大幅减产，让他懊丧不已；关于如何除草、如何清除浮萍，他自己也难以说出个必然观点；只是对于尿素，他才能很有把握地说，那是"万万不可"。

缺乏技术指导的结果是葛仙米的产量极不稳定，生产出来的产品质量也参差不齐，收购价格差异大；特别是对下一步如何提高产量、改善产品品质，种植户也长期陷入盲目。于是，农户普遍认为，葛仙米的产量完全取决于客观因素，不在人意掌控中，因此在种植时往往也只是人尽其事，抱着可遇不可求的心态；虽然葛仙米市场价格可观，但农户其实并不敢将其列入家庭固定收入项目，挺多当作副业"补贴家用"而已。关于大规模产业化种植，即使是有多年种植经验的农户，也不敢尝试，因为那样就"完全靠天吃饭"了，风险太大。

偏差二，对潜在收益和现实收益的权衡。

葛仙米只生长在收割以后的稻田里，因此从逻辑关系上看，种稻成为了种植葛仙米必不可少的关键环节。目前，鹤峰县的水稻种植还没有大规模推广机械化，插秧、收割等仍然靠人工作业，费时费力、成本高，因此很多农民种水稻的积极性下降。另一方面，葛仙米对生长条件有特殊的高要求，有利于粮食增长的化肥却可能对其生长造成毁灭性打击。因此，农户即使种植了水稻，如果出于对下一步葛仙米的生长考虑，稻田也必须不施肥。但是，这一举措在导致水稻必然减产的同时，却并不能保证葛仙米一定有稳定产量，因为葛仙米生长受多方面因素包括诸多未知因素的影响，不施肥只是其中的一个必要非充分条件，而一旦其后续长势不佳，农户的基本收益必然受损。

在潜在收益和现实收益的权衡中,理性当地农民的普遍做法:一是减少水稻种植转向种植玉米等其他作物;二是即使种植了水稻,为稳定产量确保收入,农民也会施加化肥、除草剂等。不论哪一种做法,均直接破坏了葛仙米的生长环境。如此下来,即使有兴趣的农户,由于其他村民已经放弃葛仙米种植,自家稻田的水质也会随周围稻田污染而下降,也只好被动放弃种植意愿。

这种权衡中的取向偏差,导致当地稻田面积锐减、田间污染频发,葛仙米生长的基本条件受到威胁。《鹤峰州志》乾隆六年(1741年)曾记载:"葛仙米出产距州城百余里,大岩关外(注:即今走马镇)水田内遍地皆生,色绿颗圆,颇称佳品。"如今,我们在走马,已经很难看到"遍地皆生"的场景,目前走马镇全镇水田面积已不足5 000亩,能长葛仙米的更加有限;调研中当地群众反映,鹤峰葛仙米产量一度达到最高峰28吨,而目前不超过5吨;在最高产的走马镇千金村,稻田面积只剩下1 500多亩,能长葛仙米的已不足600亩。

不仅如此,这种取向偏差的结果不仅表现在土地资源上,还表现在劳动力资源上。由于缺乏组织性和规模化,葛仙米的田间管理,如除草、清除浮萍等,完全依靠人力;其收获过程要经过田间打捞、淘漉清洗、鲜货保存、晾晒制干、整理精选等多个程序,也都靠手工完成,条件差、成本高。正常情况下,50~60斤鲜货才能晒制成1斤干货,因此虽然葛仙米市场价格高,但农户得到的实惠仍然有限。艰苦的工作条件和不稳定的产量收益,导致很多农民不愿意种植葛仙米,特别是年轻人,更愿意选择出门打工获得稳定收入,这使得生产经验难以传承,葛仙米的产业前景更加不乐观。

偏差三,对小富即安和做大做强的取舍。

目前,当地农户生产出来的产品销售有三个途径,75%靠线下外销,即以批发形式经由邻地宜昌销往广州、香港和上海等十余个城市和地区;其余少部分则主要依靠当地十几个淘宝网店实现线上外销,另有少量则被本地内销,以用于重要宴席和特殊场合。由于总体产量不大,因此销售并不存在明显困难,农民在收获之后也不需要经过进一步加工处理,顶多将鲜货晒制成干货即可售出。

由此导致的问题是,缺乏深加工的产品附加值太低,更多好处被经销商拿走,对于农户来说,收购价格只能弥补其人工成本;特别是由于缺乏组织性，个体农户在市场交易中陷入被动，面对收购方缺乏议价能力。近年来，鹤峰葛仙米收购价经历了大幅波动：2007年每斤干货收购价仅为150元，随后节节攀升，2009年迅速突破千元，2014年均价高达1 500元/斤，但随后的2015年又回落到700元，根本"划不来"。这种光景下，农民们任由它腐烂在田里而不愿收获，于是出现了一方面"一米难求"、另一方面大量鲜货浪费的矛盾局面。而在收购价格好的年份，由于缺乏市场监管，面对高价诱惑，一些农户不惜在自家产品中掺杂掺假，与同村居民展开低价竞争，结果市场还没形成，混乱局面已经开始。

值得指出的是，即使在这种被动局面下，当地农户做大做强，进一步开发产品市场、开拓产品价值的意愿也并不强烈，相反，小富即安的心态明显。很多村民认为，反正目前葛仙米的生产方式对稻谷的收成也没构成影响，没收成就罢，有了还可以改善家庭收入；对扩大销售渠道和扩大生产规模没兴趣，因为需要成本投入，目前产量不多但不愁卖，这样挺好，万一要的人多了还愁着生产，万一产业化了销售也会成问题。虽然有乡亲在强调合作，但更多农户选择了观望。

四、鹤峰葛仙米产业化中农户价值取向偏差的矫正

鹤峰葛仙米具备产业化优势和条件，其发展应该以市场经济为指导，以行业需求为导向，以实现效益为目标，依靠专业服务和质量管理，形成系列化和品牌化经营方式和组织形式。当前农户所存在的三个价值取向偏差，均是其作为独立单位，生产经营行为缺乏产业化引领的自然结果。事实上，这种价值取向偏差对于农户个体来说是自然而且理性的，但是如果不得以矫正，势必影响葛仙米产业化整体进程，当地经济也继续丧失发展机会和突破口。

近年来，不断有当地乡村精英探索葛仙米的出路，他们或进行技术试验，或动员村民合作。但既有实践经验表明，葛仙米要做大做强，单靠个别乡村能人的努力不可行，其生态改良、科学试验、标准化生产、经营运作等都需要项目资金和政策扶持，因此必须依靠政府力量。同理，矫正当地农户的价值取向偏差也不能直接从农户入手，而应该从大环境出发，通过政策引导，逐步起到改变其思想观念、提高其认知水平的效果。特提出如下建议：

第一，正确认识生态效益和经济效益的辩证统一关系，将葛仙米产业

化作为打造生态文明县的重要内容,这是全面矫正葛仙米产业化中农户价值取向偏差的首要之举。

既往区域发展实践往往认为生态效益和经济效益是对立的,经济发展必须以破坏生态环境为代价,而强调生态效益也就意味着必须放缓经济发展步伐,这是不能正确认识二者之间辩证统一关系的结果。党的十八大把生态文明纳入中国特色社会主义事业"五位一体"总体布局,提出全面建设社会主义生态文明的目标任务;十八届三中全会则进一步要求深化生态文明体制改革,加快建立生态文明制度体系;十八届五中全会把"绿色发展"作为五大发展理念之一,推进人与自然和谐共生。这些均为贯彻科学发展观的体现,经济发展和生态保护不仅不矛盾,而且可以形成相互驱动的良好机制。

葛仙米的神奇在于它对生长环境要求高,鹤峰能出产葛仙米本身已经证明该地区生态保护良好,而其产量和品质也因此成为衡量当地生态水平的天然标杆;与此同时,葛仙米的天文价格正说明消费者对其生态价值的认可。因此,当地思想观念应该实现从"以生态换票子"到"向生态要票子"的转变:因地制宜发展葛仙米特色产业,以良好生态环境换取葛仙米高收益。

鹤峰县国家生态县建设进程正稳步推进,生态战略是其"十三五"战略布局的重要内容。建议当地政府将葛仙米产业化纳入生态县建设内容范畴,和国家农业部、国家民委、湖北省政府等相关部门形成"上下联动"的产业化开发格局,共同成立"葛仙米产业化发展专项",组建专项基金,定向用于葛仙米的研发、生产、市场营销等产业化全过程,这也是推进葛仙米产业化的基本保障。

第二,在尊重经验的前提下,以科技探索葛仙米生长规律,这是矫正农户对现代科学和传统经验取向偏差的关键之举。

一方面,现代农业和传统农业的根本性区别在于科技力量的介入;另一方面,专业服务和质量管理是产业化的基本特征,这二者均以科技理性为支撑。因此,葛仙米产业化必须首先强化科技意识,尽快改变当前对葛仙米的生长习性缺乏科学认知的落后局面,以科学之手揭开其"神秘面纱",为下一步产量管理和品质管理提供准确依据。

建议在"葛仙米产业化发展专项"的既定框架下,设置以葛仙米为主题的科技专项,由地方政府牵头,以合作社和种植农户为试验基地,以距离鹤峰较近的省内机构,如华中农业大学、湖北省农业科学研究院、中科院水生物研究所等科研部门为先锋，积极开展引智工程和科技合作，共同形成官产学联合的"三螺旋"机制，逐步消除对葛仙米的认知盲区，最终实现从"靠天吃饭"到"靠人定产"的价值取向转变。

其中要注意两个问题，一是正确处理与传统经验的关系，科技对经验负有甄别和证实证伪的责任；二是科技力量要全面渗透。事实上，当前不仅在生产的田间管理环节，关于成品整理，如鲜货保鲜、干货储存等，农户水平也参差不齐，都需要得到科学化指导。

第三，同时出台环境管制政策和种植补贴政策，实现约束和激励相结合，这是矫正农户对潜在收益和现实收益权衡偏差的必要之举。

种植积极性低、生长环境面临人为破坏，是当前葛仙米产业中面临的突出问题。但农民无论是弃种水稻或施肥促进水稻增收，其根本目的仍是为了规避收入风险，这符合理性人基本假设。因此，提高农户种植葛仙米的积极性，相应地也应该从降低种植收入风险开始，改变其收入预期。

建议同时建立破坏生态的负强化机制和种植葛仙米的正强化机制，通过改变其预期收益和现实收益的方式达到矫正价值取向偏差的目的。

负强化方面，一是建议当地政府联合省级以上环境保护部门以主产区为核心，设立葛仙米生态保护区，制定地方性生态保护管理条例，要求保护区内严厉禁止使用化肥、农药等不利于葛仙米生产的农业生产资料，对恶意违规者和违规行为，给予行政处罚和经济罚款。二是从大环境入手，加大农村科技推广体系建设与完善，加快农村科技明白人培养，以提高当地居民对葛仙米资源的保护意识。长此以往，当地农户认识到：不"敢"也不"能"破坏生态环境，负强化的目的由此实现。

正强化方面，一是以种植面积为依据，运用专项经费对葛仙米种植户进行直接补贴，以保证即使在葛仙米收成欠佳的前提下，其种稻基本收益不受侵害。二是加大对"葛仙稻"的宣传和开发，着力推广"葛仙稻"概念，使消费者对零污染稻田所产的稻米（即葛仙稻）形成品牌意识和精品意识，提高稻米附加值。一旦农户认识到"种"比"不种"更划算，关于对潜在收益和现实收益权衡的偏差也自然得到有力矫正。

第四，建立"三化"的葛仙米产业格局，把开发生产能力和开发市场需求相结合，形成供求两旺的市场局面，这是矫正农户对小富即安和做大做强取舍偏差的根本之举。

农户不是不希望当地葛仙米得以发扬光大，只是自身不足以支撑起该产业化平台，所以只好选择了小富即安。做大做强的决心不是来自于农户，而是来自于政府。为此，建议政府出面，形成以规模化、标准化和国际化为主要特征的葛仙米产业格局，吸引当地农户或直接或间接地参与产业化建设，小富即安的价值取向自然被瓦解。

首先，加快推进葛仙米生产的规模化。尽快推进鹤峰当地水稻种植的农机作业，降低人工成本，以确保水田面积不减有增；加快农村土地承包经营权流转，让有条件种植的水田连片化，变分散为集中；扶持若干专业合作社和种植大户，对于种植大户给予专项补贴，并由此带动一批有意愿、有条件的农户，彻底纠正以往独自小打小闹的格局。

其次，加快完成葛仙米生产经营的标准化体系建设。出台并贯彻地方标准和行业标准，加强葛仙米产品的品质管理和商标管理。具体包括：对采集、整理、选摘、加工、保鲜、储存等工序制定成套技术规范；建立完整的产品质量标准和品质评级机制；建立完整的销售网络与宣传渠道，开通电子商务平台；理顺现有商标关系，加强地理标志产品保护，制定统一销售指导价格，打击不良竞争等。

最后，立足全球，构建葛仙米产业发展的国际化格局。葛仙米不仅属于鹤峰，也属于全人类；由于其价格奇高，目前本土消费量并不大，相当一部分产品最终流向了国际市场和国际化大餐厅大酒店。因此，其产业化步伐也必须及时跟进、放眼国际。建议面向全球开展葛仙米引资、引才、引智工程，吸引大企业、大资本进入该产业领域；同时加大科研开发，推动产品深加工、促进产品多样化，以适应全球不同人群的不同需求。

民族地区农民创业能力提升与创业环境优化研究

——基于恩施州五县市的调查

陈 芳

一、前言

理论研究与实践活动表明,创业在经济发展中有着独特的作用,它不仅能够促进经济的增长,扩大就业,更重要的是,它能够通过一系列有效的经济和政策手段,促进现有资源的高效利用,促进财富价值的创造。纵观现有关于创业的研究与实践,其着眼点都集中在城市区域和发达地区,近年来,农民创业成为政府关注的重要议题,2015年中央"一号文件"提出,拓宽农村外部增收渠道,增加农民收入,必须促进农民转移就业和创业。由于受历史、区位、环境等条件的限制和影响,我国民族地区的农民创业活动还不够活跃,严重制约了其现代产业的建立与城镇化的发展进程。实践证明,推动民族地区农民创业,既可以有效地促进当地农民就业增收,又能加快转变民族地区生产和生活方式,大力发展民族地区农村生产力。在当前城乡发展和区域发展失衡的背景下,提升民族地区农民的创业能力,促进其就业与创业,对于全面建设小康社会、构建社会主义和谐社会和建设社会主义新农村,具有特殊重要的意义。

二、调查样本来源

本文以恩施土家族苗族自治州(简称恩施州)为研究对象,了解民族地区农民创业面临的突出问题以及农民创业能力现状。恩施州位于湖北省西南部,东连荆楚,南接潇湘,西临渝黔,北靠神农架,于1983年8月19日建州,是湖北省唯一的少数民族自治州,有土家族、苗族、侗族、汉族、回族等 28 个少数民族。本次调研主要集中在恩施、利川、宣恩、建始、巴东五个县市，通过对恩施州地区的农民进行入户调查，发放问卷等方式，获得有效样本 326 份，样本分布情况如表 1 所示。

表1　　　　　　　　　　样本分布情况

统计项目	范围	样本数	百分比
性别	男	284	87.1%
	女	42	12.9%
年龄	30 岁及以下	35	10.7%
	31～40 岁	149	45.7%
	41～50 岁	112	34.4%
	51～60 岁	19	8.9%
	61 岁及以上	11	3.4%
受教育程度	文盲	33	10.1%
	小学	105	32.2%
	初中	146	44.8%
	高中及以上	42	12.9%

三、民族地区农民创业面临的突出问题

实地调查结果反映了当前民族地区农民创业面临的一些突出问题。

（一）民族地区农民创业实现率低

一般来说，激发农民创业的动机都是源于改善生活条件、提高生产力水平等物质方面的需求。从本次调查的结果来看，民族地区总体创业活力不高，并且呈现出以城市为核心，向周边递减的规律，即处于中心城市的农民创业活力最高，中心城市周边的县市农民创业比较活跃，离中心城市越远的地区，农民的创业活力越低。调查表明，46% 的农民有创业的愿望，其中有强烈的创业欲望的占约 15%，一半以上的农民没有创业想法。并且已经或开始创业的农户比例更低，仅占 3.6%。也就是说，许多有创业想法的农民由于各式各样的原因最终未能将其创业想法付诸实践。调查结果显示，制约农民创业的原因主要包括 7 个方面：最大的限制因素是缺少资金（约 61% 的农民认同此项）；其次是害怕承担创业失败的风险（54% 的农民认同此项）；再次是缺乏创业的相关资源：有 46% 的农民认

为自己的产品缺乏市场，38%的农民认为自己缺乏先进的技术，25%的农民认为缺乏创业所需的各类信息；13%的农民认为缺乏足够的劳动力；除此之外，还有8%的农民认为创业比较艰辛，因此难以付诸行动。

（二）民族地区农民创业者缺乏必需的创业素质和技能

农民创业需要具备一定的文化知识和生产经营管理经验，然而，调查显示，当前民族地区农民创业者受教育程度普遍较低，缺乏创业的基本素质。被调查对象中具有高中以上文化程度的农民仅占13%左右，大部分农民仅有初中文化程度（占45%），其次较多的是文盲、半文盲和小学文化程度的农民，约占42%，而系统接受过农业职业教育的劳动力不到5%。通过和调查对象访谈发现，即使是具备了初高中文化程度的农民，也缺乏一些创业必需的知识和技能，如较强的竞争意识、敏锐的市场洞察力、财务管理、组织管理等相关知识和能力，这样他们在创业过程中碰到问题不能及时解决，可能造成不必要的损失甚至导致创业失败。

（三）民族地区资源短缺，创业支撑能力不足

目前，在民族地区影响农民创业最主要的制约因素就是资源短缺问题，包括资金短缺、人才短缺和技术短缺。首先，缺乏资金是所有创业者最为普遍的共性问题，调查显示有61%的农民认为创业的最大限制因素就是资金短缺。一些少数民族自治县虽然加大了对当地农业的投入力度，但绝大部分资金是用于农业基础设施建设，虽然能间接支持农民创业，但是没有专门针对农民创业的扶持资金。通过访谈发现，当地创业农民的资金来源主要依靠自己的积蓄和亲友借助，有近62%的农户创业资金依靠家庭积蓄，还有21%左右是向亲友借钱，如有缺口则主要通过民间借贷的途径来解决，通过正规金融信贷途径获取创业资金的比例非常小，不足20%。其次，专业人才短缺、信息闭塞，使民族地区农民创业成功率不高。创业农民由于文化水平低、学习专业知识的能力不强，严重影响了创业的效果。调查发现，有相关专业人才指导的地区和行业，农民创业的积极性较高，而且收益也比较稳定。而在缺乏技术指导与支持的地区，农民从事传统的农业和手工业，创业成功率较低。

（四）创业层次偏低，产业拓展能力不强

发达地区城市的创业活动多以建立中小型企业为主，而在民族地区，

尤其是民族农村地区的创业活动多数表现为个人或家庭式的创业行为。因为家庭经营是当前民族地区最主要的生产方式，所以农民在创业过程中首先考虑的是以家庭为单位进行创业，主要利用家人、亲戚以及当地资源开展创业活动。由于受到政策、资金、市场、技术、信息以及人才等方面的限制，家庭式创业的经营层次偏低，存在规模小、交易费用高的问题；在组织的经营管理层面上以分散经营为主，存在功能不健全、难以发挥有效作用的问题；再加上农民缺乏现代经营管理知识和经验，产业拓展能力也不强，60%以上的农户选择的创业行业集中在第一产业，产品附加值低，往往难以创业成功。

（五）制度体系不完善，创业环境有待改善

近年来，国家加大了体制改革力度，政府部门的职能相比以往有了较大的转变。但是在民族地区一些地方部门仍然存在对个体经营审批手续繁琐、政出多门的状况，加上个别官员自身素质不高，"吃、拿、卡、要"的现象仍然存在，这在无形中给农民创业增设了不必要的门槛。本次调查显示，约有16%的农民认为创业收费项目太多，有12%的农民认为创业审批手续繁琐，这在一定程度上影响了农民创业的积极性。因此民族地区还需要进一步完善农民创业的制度体系，形成尊重农民劳动、尊重农民创业的良好政策环境与配套管理机制。

四、民族地区农民创业能力评价

（一）创业能力评价指标体系构建

关于创业能力的影响因素问题是一个多维度的复杂问题，从创业者个人特质角度，学者们采用自我效能（Self-efficacy）和自我评估（Self-assessed）的方法来度量创业能力概念。伯松（Berthon，1999）认为创业者具有敏锐而快速做决策的能力，尤其在面对稀缺资源的时候，总能迅速作出正确的决定。Davidsson（2001）从机会视角阐述了创业能力的内涵，认为创业能力包括机会发现能力和机会开发能力两个部分。谢恩（Shane，2003）研究发现，拥有冒险和创新的心理特点是创业者产生创业想法的必备条件。我国学者尹苗苗和蔡莉（2012）从创业者特质、机会、管理、关系等四个不同的视角梳理了创业能力研究的现状和发展趋势。黄德林

(2008) 等提出我国农民创业能力的评价体系,包括自身素质、心理素质和能力素质三个维度。

本研究通过前期调查发现,影响民族地区农民创业能力的因素主要集中在内外两个方面,内在方面即创业者个人素质,包括创业意愿、创新能力、风险意识、坚韧不拔的精神以及合作性等,外在方面即创业者对创业资源的获取与整合能力,包括机会识别能力、组织能力等。本书综合参考前人观点,结合调查结果设计了民族地区农民创业能力判断指标,共12个条款,每个条款分为5个等级,分别为1分,完全不同意;2分,不同意;3分,基本同意;4分,较同意;5分,完全同意。对213份样本进行分析,得分情况如表2所示。

表2　民族地区农民创业能力评价指标及得分情况

指标	最大值	最小值	均值	标准差
X1:做事情与众不同,经常变换花样	5	1	3.512	0.8775
X2:不畏困难和风险,敢于接受挑战	5	1	4.079	0.9562
X3:有良好的人际关系网,能为自己的事业找到好的出路和资源	5	1	4.121	1.0156
X4:能独立推进自己的工作、事业或生意,而不过多依赖他人	5	1	3.899	0.8647
X5:总是能很快抓住刚出现的赚钱或发展自己的机会	5	1	3.654	1.2465
X6:想尽一切办法使家庭、工作、事业、生意向更好的方向发展	5	2	4.856	0.7596
X7:有很强的学习能力和工作能力,能满足发展需要	5	1	4.172	1.1654
X8:做人能屈能伸,有忍耐力	5	2	4.256	0.8792
X9:善于取得各类财力、物力、人力资源为我所用	5	1	3.256	0.9631
X10:善于建立工作或生意网络以便找到新市场、新投入、新专家	5	1	3.527	0.7656
X11:能与同事、下属、领导很好地相处	5	1	4.336	1.2453
X12:能与投资者、其他同行、生意伙伴良好合作	5	1	4.157	1.1652

(二) 因素提取

针对民族地区农民创业能力判断指标,本研究对回收的有效问卷,用主成分法以特征值大于1的标准截取数据做因子分析。KMO值为0.803;巴特利特球度检验统计量的观测值为1 214.65,变量适合进行因子分析。

初始因子解情况下，因子特征根值大于1的因子共有4个，其累计方差贡献率为71.65%。所以提取4个因子可以解释原有变量的大部分信息，且信息丢失量较少。最后通过方差最大法对载荷矩阵正交旋转使因子可命名，信度检验克朗巴哈α系数均大于0.6。各测量项目的指标值见表3。

表3　　　　民族地区农民创业能力因素分析结果

因子名称	测量指标	因子载荷	Cronbach's α系数	方差贡献
因子1：创新能力	X1：做事情与众不同，经常变换花样	0.672	0.759	28.59%
	X6：想尽一切办法使家庭、工作、事业、生意向更好的方向发展	0.701		
	X7：有很强的学习能力和工作能力，能满足发展需要	0.685		
因子2：坚韧能力	X2：不畏困难和风险，敢于接受挑战	0.814	0.822	18.15%
	X4：能独立推进自己的工作、事业或生意，而不过多依赖他人	0.661		
	X8：做人能屈能伸，有忍耐力	0.647		
因子3：资源整合能力	X3：有良好的人际关系网，能为自己的事业找到好的出路和资源	0.712	0.691	13.32%
	X5：总是能很快抓住刚出现的赚钱或发展自己的机会	0.693		
	X9：善于取得各类财力、物力、人力资源为我所用	0.604		
因子4：协作能力	X10：善于建立工作或生意网络以便找到新市场、新投入、新专家	0.727	0.713	11.59%
	X11：能与同事、下属、领导很好地相处	0.615		
	X12：能与投资者、其他同行、生意伙伴良好合作	0.736		

由此可见，民族地区农民创业能力可由"创新能力"、"坚韧能力"、"资源整合能力"和"协作能力"四个因子来进行评价。其中，"创新能力"的方差贡献率为28.59%，"坚韧能力"的方差贡献率为16.15%，"资源整合能力"的方差贡献率为14.32%，"协作能力"的方差贡献率为12.59%。

（三）创业能力评价模型

本书采用回归法估算因子得分系数，具体结果见表4。

表4　　　　　　　　　　　　　因子得分系数

	Component			
	Fac₁	Fac₂	Fac₃	Fac₄
X1：做事情与众不同，经常变换花样	0.256	-0.032	-0.029	0.011
X6：总是想尽一切办法使自己的家庭、工作、事业、生意向更大更好的方向发展	0.241	0.051	-0.037	-0.042
X7：有很强的学习能力和工作能力，能满足发展需要	0.312	-0.055	0.061	-0.034
X2：不畏困难和风险，敢于接受挑战	0.014	0.301	-0.024	0.026
X4：能独立推进自己的工作、事业或生意，而不过多依赖他人	-0.089	0.285	0.011	-0.047
X8：做人能屈能伸，有忍耐力	-0.023	0.246	-0.065	0.052
X3：有良好的人际关系网，能为自己的事业找到好的出路和资源	-0.077	0.063	0.259	0.019
X5：总是能很快抓住刚出现的赚钱或发展自己的机会	0.053	0.013	0.315	-0.068
X9：善于取得各类财力、物力、人力资源为我所用	-0.074	-0.066	0.267	0.023
X10：善于建立工作或生意网络以便找到新市场、新投入、新专家	-0.016	-0.027	0.048	0.219
X11：能与同事、下属、领导很好地相处	0.038	0.058	-0.051	0.237
X12：能与投资者、其他同行、生意伙伴良好合作	0.047	-0.044	0.026	0.258

Extraction Method：Principal Component Analysis.

Rotation Method：Varimax with Kaiser Normalization.

由表4可知各个因子的得分函数，如因子1的得分函数为：

Fac1 = 0.256X1 + 0.241X6 + 0.312X7 + 0.014X2 - 0.089X4 - 0.023X8 - 0.077X3 + 0.053X5 - 0.074X9 - 0.016X10 + 0.038X11 + 0.047X12

分别对恩施、利川、宣恩、建始、巴东五个县市农民的创业能力进行测算，其在四个因子上的得分如表5所示，恩施市和利川市的农民在创新能力和资源整合能力方面得分优于另外三个县，宣恩和巴东两个县的农民在坚韧能力这个因子上的得分优于其他县市，建始县的农民在协作能力因子的得分上较高，具体结果见表5。

表5　　　　　　　五个县市农民的创业能力的因子得分

	Fac₁	Fac₂	Fac₃	Fac₄
恩施	0.372	-0.126	0.451	-0.107
利川	0.126	-0.187	0.235	0.065

续表

	Fac₁	Fac₂	Fac₃	Fac₄
宣恩	-0.138	0.312	-0.167	-0.226
建始	0.029	-0.054	-0.218	0.214
巴东	-0.256	0.273	-0.204	-0.049

注：负数表示得分低于平均水平。

同时，本文以各个因子的方差贡献率为权数，计算各个县市的农民创业能力，构建评价模型：

农民创业能力 = 28.59fac1 + 18.15fac2 + 13.32fac3 + 11.59fac4

经计算，各个县市农民的创业能力评分分别为：恩施 13.116，利川 4.092，宣恩 -3.126，建始 -0.574，巴东 -5.649。因子分析中，负数为得分低于平均水平，为了便于比较，我们对创业能力计算公式修正为：

农民创业能力 = 7 + 28.59fac1 + 18.15fac2 + 13.32fac3 + 11.59fac4

修正后，各个县市农民的创业能力评分如表6所示。

表6　　　　　　　　五个县市农民创业能力评分

县市	恩施	利川	宣恩	建始	巴东
农民创业能力得分	20.116	11.092	3.874	6.426	1.351

五、民族地区创业环境与创业绩效的度量

为了探讨民族地区农村创业环境的好坏对农民创业绩效到底有无影响，影响程度有多大，本文设计了创业环境和创业绩效的测量量表，对二者之间的关系进行实证分析。

（一）创业环境的内涵及其构成

关于创业环境的内涵，许多国内外学者有着不同的诠释。奥斯汀（Austin，2009）等将创业环境定义为不受企业家控制，但会影响企业成功或者失败的因素，包括：宏观经济环境、税收、规制结构和社会政治环境。而在国内，张玉利、陈立新（2004）认为，"创业环境是在创业活动中发挥重要作用的要素组合"，包括"影响人们开展创业活动的所有政治、经济、社会文化诸要素"和"获取创业帮助与支持的可能性"。学者池仁

勇（2010）将创业环境定义为"创业者周围的环境，是创业者及其企业产生、生存和发展的基础，是一个复杂的社会大系统，由创业文化、政策、经济和技术等要素构成，是多层面的有机整体"。

关于创业环境的构成，五维度模型和 GEM 模型是两个有很大影响力的经典模型，常被其他研究者引用或者作为模型构建的基础。格耶瓦里（Gnyawali）和福格尔（Fogel）于 1994 年提出五维度模型，他们将创业环境的五个维度划分为：创业和管理技能、社会经济条件、政府政策和工作程序、资金支持以及对创业的非资金支持。GEM 则是是由英国伦敦商学院和美国百森学院基于一个研究全球创业活动的项目而提出的。GEM 模型将创业环境条件划分为金融支持、政府政策、政府项目、教育和培训、研究开发转移、商业环境和专业基础设施、国内市场开放程度、实体基础设施、文化及社会规范 9 个方面。

以上关于创业环境的内涵和模型具有普遍性，而民族地区由于受历史、区位、环境等条件的限制和影响，许多处于欠发达或落后地区，对民族地区的创业环境衡量应具备针对性，因此本书借鉴五维度模型和 GEM 模型的思想，根据民族地区的发展特点，结合前期访谈调研中发现的对民族地区创业者影响最大的因素，设计了民族地区创业环境的衡量指标体系，包括政策环境、融资环境、市场环境、教育培训环境、社会文化环境五个方面，共计 18 个测量指标。

（二）创业绩效的内涵及度量

关于创业绩效的内涵，从现有文献中可以发现，创业绩效的一些概念内涵和理论测量通常都借用了组织绩效的相关理论。在创业研究中，学者们并没有太多关注创业绩效内涵的研究，而是把它作为一个结构性的概念与创业其他变量一起进行研究。国内外学者对创业成功和创业绩效的测量一般从主观和客观两个维度来测量创业绩效。Venkatraman 和 Ramanujam（2001）提出主观绩效可以通过企业的一些非财务目标和大致的成功概率来衡量；客观绩效可以通过一些客观的财务指标（如销售增长、员工增长和投资回报等）来衡量。Wall 等（2004）专门研究了用主观评价方法来测量企业财务绩效的效度问题，研究结果表明主观评价法对企业绩效的测量具有较好的聚合效度。本研究参考 Venkatraman 和 Ramanujam，以及 Wall 等人的研究成果，将创业绩效分成创业者个人成长绩效和所创立企业的经营绩效两个维度进行度量，共计 8 个测量指标。

(三) 指标体系验证

为检验本文提出的民族地区创业环境与创业绩效测量量表的效度和信度，本研究在恩施、利川和宣恩选取了部分创业者进行了测试，共发放问卷115份，有效回收98份，通过SPSS18.0统计软件对本书提出的创业环境与创业绩效评价指标体系进行信度分析，以判断并修正该指标体系。

本文采用Cronbach's α系数测量量表信度，问卷整体的Cronbach's α系数值为0.836，大于0.8；各个分项的Cronbach's α系数值都在0.70以上，因此，本量表整体上的内在信度较高，作为探索性研究的各个因子的信度也在可以接受的水平上。

六、创业环境对创业绩效影响的实证分析

(一) 研究假设提出

针对民族地区创业环境，本研究对回收的有效问卷，用主成分法以特征值大于1的标准截取数据做因子分析，同时也将定序测量结果转化为因子得分供多元回归分析使用。KMO值为0.828；巴特利特球度检验统计量的观测值为1 278.25，变量适合做因子分析。共同度提取最低的指标也达到0.508，说明问卷设计可信合理。初始因子解情况下，因子特征根值大于1的因子共有5个，其累计方差贡献率78.256%。所以提取5个因子可以解释原有变量的大部分信息，且信息丢失量较少。最后通过方差最大法对载荷矩阵正交旋转使因子可命名，信度检验克朗巴哈α系数均大于0.7。各测量项目的指标值见表7。

表7　　　　　　　　　因子分析结果

因子名称及方差贡献	测量指标	因子载荷	Cronbach's α系数	因子名称及方差贡献	测量指标	因子载荷	Cronbach's α系数
政策环境 (22.15%)	创业扶持政策	0.825	0.851	融资环境 (18.87%)	银行贷款	0.734	0.824
	税收政策	0.712			风险投资	0.621	
	企业创办规程	0.668			公开招股	0.609	
	政府采购	0.605			个人及亲友融资	0.841	

续表

因子名称及方差贡献	测量指标	因子载荷	Cronbach's α系数	因子名称及方差贡献	测量指标	因子载荷	Cronbach's α系数
市场环境 (14.24%)	行业进入门槛	0.723	0.733	教育环境 (11.45%)	正规教育	0.716	0.719
	供应商资源	0.585			专业培训	0.628	
	客户资源	0.745		社会文化环境 (7.31%)	基础设施建设	0.667	0.762
	劳动力资源	0.613			创业氛围	0.759	
	市场信息	0.764			创新和冒险文化	0.773	

同样，对创业者创业绩效问卷进行了因子分析，采用方差最大旋转法抽取因子，采用特征值大于1，且项目因素荷重不低于0.5的标准，一共抽取了两个关键因子：个人绩效（包括财富积累、创业经验、知识技能、人际网络四个指标）和组织绩效（包括公司规模、市场份额、公司利润、研发能力四个指标）。

根据因子聚合的整体情况，民族地区创业者的创业绩效主要受到创业环境五个不同维度多个因素的共同影响，但各维度因子影响强度不同，故提出如下假设：

H1：政策环境对创业者个人/组织创业绩效均产生显著的正向积极影响；

H2：市场环境对创业者个人/组织创业绩效均产生显著的正向积极影响；

H3：融资环境对创业者个人/组织创业绩效均产生显著的正向积极影响；

H4：教育培训环境对创业者个人/组织创业绩效均产生显著的正向积极影响；

H5：社会文化环境对创业者个人/组织创业绩效均产生显著的正向积极影响。

（二）回归分析

本研究运用多元线性回归分析方法，对民族地区创业环境对创业绩效的影响进行了分析，以政策环境、市场环境、融资环境、教育培训环境和社会文化环境等5个因子作为多元自变量，分别以个人绩效和组织绩效作为因变量，先对各个自变量与因变量进行单变量回归分析，以初步了解各自变量的影响程度，单变量回归系数结果如表 8 所示。

表 8　　　　　　　　　　　单变量回归系数表

自变量	个人绩效 β 系数	个人绩效 T 值	组织绩效 β 系数	组织绩效 T 值
政策环境（P）	0.179	2.77	0.363	3.85**
市场环境（M）	0.235	2.48*	0.384	3.49*
融资环境（F）	0.302	3.54*	0.276	4.21**
教育培训环境（E）	0.249	4.27**	0.215	3.54
社会文化环境（S）	0.393	3.51**	0.242	3.78*
R^2	0.507		0.587	
Ajusted R^2	0.493		0.526	
F 值	46.37**		51.62**	

注：* $p<0.05$　** $p<0.01$，β 系数为标准回归系数。

从回归分析的结果看出，民族地区创业环境因素中，对个人绩效影响作用最大的是社会文化环境（β 系数 0.393），其次是融资环境的影响作用（β 系数 0.302），接下来分别是教育培训环境（β 系数 0.249）、市场环境（β 系数 0.235）以及政策环境（β 系数 0.179）。

与个人绩效不同，对组织绩效影响最大的因素是市场环境（β 系数 0.384），其次是政策环境（β 系数 0.363），然后依次是融资环境（β 系数 0.276）、社会文化环境（β 系数 0.242）以及教育培训环境（β 系数 0.215）。

单变量回归分析之后，按各自变量对创业绩效影响程度的大小由低到高逐个代入模型进行逐步回归分析，环境因素对个人绩效的逐步回归分析结果如表 9 所示。Model 1 和 Model 2 的数据可以看出，"政策环境"对个人绩效有一定的影响作用，但并不显著；"市场环境"对个人绩效有一定的显著影响；Model 3 中增加了"教育培训环境"自变量之后，R^2 值增加了 14.6%，说明教育培训环境对创业者个人绩效有显著的影响；Model 4 中增加了"融资环境"自变量之后，R^2 值增加了 16.7%，说明融资环境对创业者个人绩效有比较显著的影响；Model 5 中增加了"社会文化环境"自变量之后，R^2 值增加了 21.6%，说明教育科研机构主体对创业者个人绩效有非常显著的影响，具体结果见表 9。

表9　　　　　　　　　环境因素对个人绩效的逐步回归分析

变量	Model 1 Beta	t	Model 2 Beta	t	Model 3 Beta	t	Model 4 Beta	t	Model 5 Beta	t
P	0.075	2.26	0.139	2.18	0.167	1.78	0.177	1.69	0.173	1.78
M			0.245	2.45	0.229	2.29	0.226	2.35	0.219	1.94
E					0.257	2.46	0.275	2.87	0.247	2.65
F							0.283	3.06	0.271	2.79
S									0.314	3.34
R^2	0.067		0.159		0.305		0.472		0.688	
F值	17.65		25.68		32.74		38.26		41.65	
ΔR^2	0.067		0.092		0.146		0.167		0.216	

注：多重共线性分析结果表明自变量之间不存在多重共线性问题。

环境因素对组织绩效的逐步回归分析结果如表10所示。从Model 1和Model 2的数据可以看出，"教育培训环境"对组织绩效有一定的影响作用，但并不显著；"社会文化环境"对组织绩效有一定的显著影响；Model 3中增加了"融资环境"自变量之后，R^2值增加了13.9%，说明融资环境对创业者组织绩效有显著的影响；Model 4中增加了"政策环境"自变量之后，R^2值增加了19.5%，说明政策环境对创业者组织绩效有比较显著的影响；Model 5中增加了"市场环境"自变量之后，R^2值增加了23.6%，说明市场环境对创业者组织绩效有非常显著的影响，具体结果见表10。

表10　　　　　　　　　环境因素对组织绩效的逐步回归分析

变量	Model 1 Beta	t	Model 2 Beta	t	Model 3 Beta	t	Model 4 Beta	t	Model 5 Beta	t
E	0.088	2.78	0.092	2.36	0.159	1.81	0.165	1.45	0.184	1.68
S			0.216	2.74	0.248	2.36	0.227	2.16	0.224	2.15
F					0.266	2.84	0.269	2.59	0.297	2.73
P							0.302	2.87	0.309	3.16
M									0.326	3.41
R^2	0.075		0.163		0.302		0.497		0.733	
F值	15.26		24.49		31.58		37.66		43.47	
ΔR^2	0.075		0.088		0.139		0.195		0.236	

注：多重共线性分析结果表明自变量之间不存在多重共线性问题。

(三) 假设检验

综合上述分析,民族地区的创业环境对创业者创业绩效产生显著的正向影响。其中:假设 H2、H3 和 H5 得到完全验证,即市场环境、融资环境和社会文化环境对个人绩效和组织绩效均有显著正向影响,而假设 H1 和 H4 得到部分验证,即政策环境对组织绩效有显著正向影响,而对个人绩效影响不显著,教育培训环境对个人绩效有显著影响,对组织绩效影响不显著。假设验证结果如表 11 所示。

表 11　　　　　　　　　假设验证结果

民族地区创业环境	个人绩效	组织绩效
H1:政策环境对创业绩效产生显著影响	不支持	支持
H2:市场环境对创业绩效产生显著影响	支持	支持
H3:融资环境对创业绩效产生显著影响	支持	支持
H4:教育培训环境对创业绩效产生显著影响	支持	不支持
H5:社会文化环境对创业绩效产生显著影响	支持	支持

七、民族地区农民创业能力提升与创业环境优化的对策建议

(一) 加强对民族地区农民的创业培训,提高其创业能力

针对民族地区农民文化素质不高和缺乏创业知识与技能等限制因素,要加强对民族地区农民的创业教育培训。一方面要建立民族地区农村科技知识普及制度,不断提高民族地区农民的科技知识水平;另一方面要在民族地区设立专门的培训基地,制定当地农民创业教育和培训计划,并定期举办创业知识与技能培训班,增强其创业能力;这一点利川市做得较好,利川现有农村科技推广服务机构 100 余个,农民技术协会 40 多个,2011 年全年共有 1 万余人接受农村实用技术培训,5 300 余人接受劳动力转移就业科技培训,大大提高了当地农民的就业和创业能力。除此之外,应将民族地区科技下乡工作制度化、长期化,解决长期困扰民族地区的农村技术培训与服务机构设置、人员编制及经费不足的问题,积极鼓励社会力量在民族地区开展公益性的创业培训活动,尽快提高农民的创新创业能力。

（二）结合农民自身特点分类引导其创业

通过对恩施州地区农民的调查发现，民族地区农村劳动力大体可以分为四大类：一是外出"打工型"农民，二是在当地乡镇企业"务工型"农民，三是分布在各种农村合作经济组织中的"合作型"农民，四是"传统型"农民。针对不同类型的农民，不能一概而论，要区别对待，分类指导其开展创业活动。对于外出打工型农民，重点是要加强对其技能的培训，使他们熟练掌握一门技术，让其中一部分人能够扎根于城镇，成为新型城市产业工人，同时通过政策扶持引导一部分在外事业有成的农民返乡创业，带领乡亲共同致富。对乡镇企业务工型农民，重点是要加强职业培训，提升其从业技能，并通过完善各类保障机制，使这个群体的农民真正实现离土不离乡。对于合作型农民，要加强对他们在合作理念和农业科技方面的培训，提高其综合素质。大力培育乡土人才，依托能人组建农村合作经济组织，创办农副产业龙头企业，引导更多的农民加入到各类合作经济组织和农产品经营体系中来，使他们发展成现代化农业建设的主力军。本次调查的恩施市在2013年就新增农业产业化重点龙头企业15家，达到69家；新增农民专业合作社132家，达到476家，成为恩施州农业产业化的典范。对于传统型农民，要加强培训、引导和鼓励，使他们不断向务工型和合作型农民转化。通过上述各种途径对农民进行分类引导，加快民族地区农村劳动力的分化，提升农民创业者资源整合能力与协作能力，使其能够发挥最大的创业潜能，更快地寻找到好的创业致富途径。

（三）健全民族地区农民创业支撑体系

正如前文所述，民族地区农民创业实现率低，究其原因，主要是缺乏资金、信息，以及担心风险，因此应该健全民族地区农民创业支撑体系。针对创业资金不足的问题，一方面可以加大政府资助力度，设立专门的创业扶持基金，鼓励和支持民族地区的创业者开展中、小型创业项目；另一方面可以增加政策性融资渠道，以便捷的方式为创业农户提供低息贷款，以支持农民创业。

针对民族地区农民缺乏创业所需的市场信息问题，可以通过建立专门的信息服务机构、开通科技热线等方式，建立为农民提供及时、准确的创业信息的新机制，使农民创业者更容易获取市场信息和相关咨询帮助。例如，在利川有信息服务中心36个，专门为农民提供最新的农副产品市场信息。

针对农民所担心的创业投资风险问题，一是可以建立国家风险投资补偿机制，消除农民后顾之忧；二是可以设立风险投资基金，分担其创业的风险；三是逐步建立起中介服务机构，例如，通过合作组织为农户出具信贷担保，为农民创业提供风险投资的咨询和决策服务等。

（四）改善民族地区农民创业环境

针对行政服务不到位的问题，要加强民族地区创业硬环境建设。一是提高地方政府部门的服务意识，积极推动其职能和角色的转变；二是降低给农民创业设置的门槛，简化审批手续，提高办事效率，减少收费项目，降低创业成本；三是为农民创业者营造公平竞争的良好环境，消除行政性和行业性的产业垄断；四是制定和落实鼓励农民创业的相关政策体系，如增加在税收、创业项目、创业融资等方面的扶持政策，引导民族地区农民积极投身创业活动。

针对民族地区农村还没有形成创业文化的现实，加强民族地区创业软环境建设。在电视、广播、报纸、杂志等各类主流媒体开办宣传农民创业的专题和专栏，向农民传播创业知识和实用的科学技术，并宣传当地创业成功的典型，营造一种"尊重创业、尊重创造"的积极文化氛围，大力宣扬"吃苦耐劳、诚信至上"的创业精神，从而提升农民的坚韧能力，增强其创业的信心和信念。

需要指出的是，提升民族地区农民创业能力，优化民族地区创业环境是一项非常复杂的系统工程，不是某一个部门能够独立完成的。需要各级政府和各个部门的共同努力与密切配合，同时也需要全社会的共同支持。以上提升机制中的任何一个方面得到改善，都能促进农民创业，例如本书调查的五个县市中，恩施和利川两地在某些方面相比其他县市做得更好，因此这两地的农民创业能力评分以及创业绩效也更好一些。但单方面机制的作用都是有限的，只有多管齐下，才能形成对农民创业扶持的巨大合力，最大程度地降低和消除各类限制因素，提升农民的创业能力，激活农民的创业动力，进而推动民族地区农村创业活动的开展。

参 考 文 献

[1] 黄德林. 中国农民创业研究 [M]. 北京：中国农业出版社，2008：322-327.

[2] 俸晓锦,徐枞巍.妨碍少数民族地区农民成功创业的问题及对策[J].安徽农业科学,2011(14).

[3] 中国科学技术协会.中国新农村建设创业能力研究报告[M].北京:中国科学技术出版社,2007:24-25.

[4] Berthon P R, Hulbert J M, Pitt L F. To serve or create? Strategic Orientations toward Customers and Innovation [J]. California Management Review, 1999 (9): 1024-1037.

[5] Davidsson, Plow M B and Wright M. Editor's Introduction: Low and MacMillan Ten Years on: Achievements and Future Directions for Entrepreneurship Research [J]. Entrepreneurship Theory and Practice, 2001, Summer: 5-15.

[6] Shane S. A General Theory of Entrepreneurship: The Individual Opportunity Nexus [M]. Aldershot, UK: Edward Elgar, 2003. 68-80.

[7] 尹苗苗,蔡莉.创业能力研究现状探析与未来展望[J].外国经济与管理,2012(12):1-6.

[8] 张玉利,陈立新.中小企业创业的核心要素与创业环境分析[J].经济界,2004(3):29-34.

[9] 池仁勇,朱非白.城市创业环境指数研究——基于长江三角洲实证[J].科技进步与对策,2010(9):110-114.

[10] 蔡莉,崔启国,史琳.创业环境研究框架[J].吉林大学社会科学学报,2007(1):50-56.

[11] 陈资源.城镇化过程中创业环境与农民工创业意向的关系研究[D].苏州大学,2014.

[12] 李慧娟,陈善才.甘肃省民族地区农民创业政策支持体系的构建——以东乡族自治县为例[J].新西部,2011(35):25-26.

[13] 陈景辉,成艳彬.和谐创业环境:民族地区可持续发展的源泉[J].大连民族学院学报,2007(6):15-17.

[14] 清华大学中国创业研究中心.GEM全球创业观察2002中国报告[R],2002.

[15] 魏江,徐蕾,朱西湖,石俊娜.少数民族地区农民创业培训体系构建——基于甘南、甘孜的调查研究[J].中国软科学,2009(7):104-108.

[16] 毕美家.加强分类指导 促进农民创业[N].农民日报,2006-

11 – 25.

[17] 戴志明,段纲,赵燕妮. 云南特有少数民族农科创业型人才培养模式的构建与实践 [J]. 高等农业教育, 2005 (9): 9 – 10.

[18] 谭宇,王英. 少数民族地区农民工返乡创业的路径和影响因素分析 [J]. 湖北民族学院学报(哲学社会科学版), 2012 (4): 116 – 121.

跨越边界的治理：武陵山龙凤
示范区一体化的调查与思考

李 伟

一、引言

"龙凤"是指湖南省湘西土家族苗族自治州的龙山县和湖北省恩施土家族苗族自治州的来凤县。两县地理毗邻（两县城以酉水河相连，已呈对接之势），处于武陵山区腹地和武汉、长沙、重庆、贵阳的几何中心，国土面积4 473.05平方公里，总人口86.54万，现有城区面积30平方公里，城区人口25万，已初具中等城市规模。其中，龙山县国土面积3 131平方公里，人口54.17万；来凤县国土面积1 342.05平方公里、人口32.37万。两县同属以土家族苗族为主的少数民族国家级贫困县，山同脉、水同源、民同俗、人同宗，历来交往频繁，经贸人文交流与合作十分活跃。

2011年10月，国务院颁布《武陵山片区区域发展与扶贫攻坚规划》（以下简称《规划》），正式设立武陵山龙山来凤经济协作示范区（文中均简称为"龙凤示范区"），要求"大力推进行政管理、要素市场、投融资体制等领域的改革，全面推进城乡统筹、基础设施、公共服务、特色产业、生态环境保护等一体化建设，为区域一体化发展发挥示范带动作用。"这就是说，率先推进管理体制机制改革，为武陵山片区乃至全国地方政府合作及区域一体化发展提供鲜活而又具有推广价值的经验，是龙凤示范区一项十分重要的使命。

调研组于2013年、2015年两次去龙凤示范区调研，自2011年国家正式设立武陵山龙凤示范区以来，经过近几年的创新实践与探索，龙凤示范区一体化的现状与进展如何，需要对其进行总结，为破除龙凤示范区一体化的障碍，深化龙凤示范区一体化提供新的思路。

二、龙凤示范区区域一体化的现状进展

从管理体制角度来看，区域合作体的管理体制主要包括横向和纵向管理体制两个方面。以龙凤示范区为例，目前，其纵向管理体制主要涉及两州、两省之间的关系，横向管理体制则主要是来凤、龙山两县政府之间的关系问题。管理机制，通俗地说，就是引导政府高效率实现既定目标的各种规则和制度的总和。

龙凤示范区成立两年来，在国家三部委（发改委、扶贫办及国家民委）、两省（湖南、湖北）、两州（湘西、恩施）的指导和大力支持下，来凤、龙山两县党政领导班子在管理体制与机制方面锐意改革，大胆创新，有力地推动了龙凤经济社会一体化发展。具体可以归纳为以下几个方面：

（一）初步建立议事协调机构，为龙凤示范区一体化提供了组织保障

1. 建立县级层面议事协调机制

县级层面议事协调机制主要包括龙凤示范区建设的领导机构、办事机构与执行机构。两县均成立以县委书记任第一组长，县长任组长，相关县领导任副组长，县直相关部门为成员的龙凤示范区领导小组。两县主要采取党政领导联席会议的形式，通过两县县委书记、县长等党政领导的定期或不定期会议，共同商讨协调决定龙凤示范区建设中的重大事项。两县分别设立了相应的示范区办公室负责示范区的日常工作，龙凤示范区议事协商遵循如下机制，两县示范区办公室，作为纽带将两县政府和党政领导联席会议联结起来。两县示范区办公室就龙凤示范区一体化中的重要问题，先行在各县政府系统内商讨，然后两县示范区办公室就合作重大事项进行意见交换与磋商，形成初步的合作意向与方案，然后由提交党政领导联席会议，通过联席会议做出决策。联席会议作出的决定决策再交由两县相关职能部门对接落实。

2. 成立了省州部委的组织领导协调机构

示范区的一项重要任务在于在跨省协作方面创新管理，积累经验，作出示范。龙凤示范区跨越两州两省，而且是基于县级政府间的合作，在纵向行政管理体制与横向政府关系协调方面比较复杂，在示范区一体化"先

行先试"与探索创新过程中,需要大量的沟通协调工作。为此国家部委、两省两州也非常重视与支持龙凤示范区的建设,出台了相关政策、成立了相关机构,为龙凤示范区建设提供了保障。

在国家层面,明确了国家相关部委指导、协调和督促检查的主体地位。《国务院关于武陵山片区区域发展与扶贫攻坚规划(2011~2020年)的批复》(以下简称《批复》)第六条指出:"扶贫办、发展改革委要加强对《规划》实施的指导、协调和督促检查工作,会同湖北省、湖南省、重庆市、贵州省人民政府组织开展《规划》实施评估。国家民委作为武陵山片区扶贫攻坚试点工作的联系单位,要深入调查研究,加强沟通协调。加强《规划》与国家总体规划和相关专项规划的衔接。"明确了国家发改委、扶贫办及国家民委指导、协调及监督龙凤示范区建设的职能。

在省级层面,对涉及龙凤示范区的省以下纵向行政管理体制作出了如下部署:湖北省成立推进来凤县建设龙凤示范区工作领导小组;加强与国家有关部委及湖南省的协调和联系,构建国家、省、州、县参与的协调推进机制。湖南省,根据"省统筹、州协调、县为主"的原则在省级层面建立示范区建设联席会议制度,联席会议每年召开一次,由两省发改委轮流召集,共同研究解决示范区建设中的重大问题。

在州级层面,《湘西自治州人民政府关于支持龙山县建设武陵山龙山来凤经济协作示范区的若干意见》规定,州人民政府每年听取一次龙凤示范区建设工作情况汇报,研究解决龙凤示范区建设中的重大问题。成立州人民政府支持龙山县建设龙凤示范区工作领导小组,具体组织、指导、协调龙凤示范区建设工作。商恩施自治州人民政府建立推进龙凤示范区建设联席会议制度,定期召开联席会议研究解决相关问题,形成龙凤示范区建设协同推进机制。建立州直部门支持龙山县建设龙凤示范区对口帮扶工作机制。州发改、财政、国土、交通运输、经信、农业、林业、水利、民族、扶贫等州直相关部门,要结合各自职能和具体任务,研究制定并认真落实支持龙凤示范区建设的工作方案和具体措施,加强对龙山县建设龙凤示范区的指导和支持,形成整体协调推进的工作格局;加强与恩施自治州相关部门的沟通联系,形成共同支持龙凤示范区建设的工作合力。

(二)全面开展一体化建设,取得了初步成效

1. 以规划及协议为指导,逐步推进一体化建设

在国家层面,2011年国务院批复了《武陵山片区区域发展与扶贫攻

坚规划（2011~2020）》，该规划的区划范围依据连片特困地区划分标准及经济协作历史沿革划定，包括湖北、湖南、重庆、贵州四省市交界地区的71个县（市、区）。同时明确提出设立武陵山龙山来凤经济协作示范区，提出了三大领域改革与五个方面一体化的建设目标，规划为龙凤示范区的建设提供了指导。

在地方层面，为全面实施国家规划，推进龙凤示范区建设，龙山县与来凤县共同制定了《龙山来凤经济协作示范区合作框架协议》，该协议具体提出了两县合作的内容，即共同编制《武陵山龙凤示范区发展战略规划》《武陵山龙凤示范区旅游发展规划》《武陵山龙凤示范区空间布局规划》；推进龙凤城区建设一体化；龙凤交通等基础设施一体化；龙凤产业一体化；龙凤城区酉水河保护与利用；龙凤旅游资源一体化；龙凤文教卫资源利用一体化；龙凤生态环境保护一体化；龙凤金融信息同城；龙凤平安建设；龙凤人才发展；龙凤协作共建重点工程等。

2. 以十个一体化为目标，全面开展一体化建设

龙凤示范区确定了城市规划布局、项目建设整合、支柱产业培育、基础设施建设、文化旅游开发、融资扩大方式、生态资源保护、政策制度创新、民族团结进步、国计民生改善十个一体化的内容，十个一体化有序推进，其中金融、通讯、交通等方面成效显著。

在金融一体化方面，按照加快推进投融资体制改革的要求，制定了《龙凤示范区金融服务一体化实施方案》。积极争取金融部门的支持。人民银行武汉分行、人民银行长沙中心支行出台了《龙凤示范区个人支付结算业务同城化实施方案》，湘西、恩施两州人民银行联合制定了金融支持龙凤示范区建设的具体意见。推进支付结算一体化。两县农村信用社加入人民银行支付系统、支票影象交换系统和同城票据交换系统，实现票据业务同城化，并对两县存折（单）银行借记卡业务、社内资金两县间资金汇划业务作为同城业务；2013年9月，中国邮政储蓄银行在龙凤示范区发行了首张以城市命名的——龙凤金融IC卡，在示范区内存取款、转账等结算免收手续费，并加载了本外币结算、储蓄、理财、消费等金融服务和手机银行、网上银行、电话银行、电视银行等电子业务功能及1 000元以下的"闪付"消费交易功能，并在应用公交、超市、社保、医疗等领域，两县工商银行、农村信用联社率先实现跨区域信贷业务。龙凤金融一体化实现了"支付同城化，结算低成本"，为两县企业和个人每年节约手续费500

万元以上，货币信贷一体化实现跨省互贷金额达5亿元以上。两县运用开发性金融理念和方法，积极争取国开行的"融资＋融智＋融商"的支持，有效缓解基础设施、产业发展、重点民生等重大项目建设融资难的问题。

在通讯一体化方面，按照"同城、同网、同价、同号"的要求，制定了《龙凤通讯一体化实施方案》。积极争取上级主管部门的支持，推进了第一阶段的通讯一体化工作，实施通信同费，取消龙山来凤归属移动电话之间通信的长途费、漫游费，实行统一资费。通过网络改造之后，两县共用一个固话区号，两县固话按照市话收费，移动取消漫游费。龙凤通讯一体化打破行政区划，实现通讯的低成本、无障碍，得益最大的无疑是两县的民众和企业，每年为两县消费者节省1 050万元。"数字鸿沟"的消除，极大地促进了龙凤示范区的信息化水平，两县发展固定电话近12万户，移动电话近47万户，宽带用户5万户，远高于武陵山区县市平均水平。

在交通一体化方面，两县共同制定了《龙凤示范区交通一体化规划》，引领龙凤城乡交通一体化布局。以"统一龙凤城区公交线路，统一车辆标志和外型，统一运营时间及收费，统一营运管理"为重点，规范线路布局、站台设计、组织形式、运营管理，推行龙凤城市及跨县乡镇公交一体化。龙凤示范区建设的标志性工程湘鄂情大桥已于2014年4月全面建成通车。两县城市间从原来的7公里变成了零距离。它的建成使来凤武汉大道与来凤绕城线、龙山岳麓大道连接贯通成一体，大桥所在区域已成为龙凤示范区的核心区域，进一步改善来凤县城市交通条件，提升了来凤城市品位。

在医疗卫生服务一体化方面，采取四大对接措施，实现医疗卫生一体化管理。一是推进新农合政策实现对接。来凤、龙山两县的公立医疗机构互为定点，参合农民在异县定点医疗机构住院治疗时享受本县同级定点医疗机构报销标准，并实现了即时结算。二是实行公共卫生均等化政策对接。启动了疾病预防控制信息、儿童免疫规划信息、妇女儿童保健信息共享机制。两县疾控和妇幼保健院中心实行电话互通，两县的疫情网络经双方授权、双方通报，构筑起卓有成效的健康屏障。三是实行卫生应急政策对接。两县互通突发公共卫生事件与重大疫情处置方案，遇重大突发公共卫生事件、疫情需要援助时，两县应急人员、车辆、物资由发生地疾控中心统一指挥和调度，建立相互协调、支持的机制。并在紧急情况下无偿献血及临床用血可相互支援，保障两县临床用血。四是实行县级医院管理政策对接。两县县级医院共同认定一批医疗专家在急危重症病人抢救时可交又执业、联合会诊，检查和诊断结果互认，并建立起专业学科交流平台，实现优势互补，共同发展。

在司法协作方面，两县司法局共同制定了《关于建立武陵山龙山来凤经济协作示范区司法行政工作协作机制的实施方案（试行）》，就法治文化对接机制、法治创建普法教育资源互助共享机制、法治创建经验观摩机制、建立健全矛盾纠纷排查化解组织网络体系、加大矛盾纠纷排查调处力度、建立健全信息联络沟通机制、加强示范区法律援助工作的交流协作、建立健全便民惠民服务机制、建立和完善社区矫正人员一体化管理机制及建立健全两县公证协作交流机制等司法工作方面重大问题的合作作出了具体规范。

三、龙凤示范区区域一体化存在的问题及成因分析

龙凤示范区在十个一体化方面取得了初步进展，龙凤示范区在探索跨省合作方面也取得了经验，但是随着一体化的深入推进，摆在龙凤示范区面前的问题凸显出来，也进一步制约着龙凤一体化的深化与跨省合作。

（一）竞争多于合作

从龙凤示范区的整个申报过程可以看出，两县在区域一体化方面应该都达成了某种共识，认为县域经济协同发展、合作共建龙凤示范区非常有必要，在区域发展中，两县抱团发展比单兵作战效果要好。两县也确实在龙凤示范区十个一体化方面做了大量的工作，龙凤示范区一体化也取得了进展。但从实际建设情况来看，仍然是竞争多于合作，特别是在实际操作阶段，特别是在大型基础设施建设布局、工业投资项目落户等方面存在着分歧的地方，为此展开了激烈的竞争，最终也难以逃脱重复建设的怪圈。两县在区域合作中存在的竞争有余、合作不足的问题也是20世纪90年代以后，分税制改革以后，地方经济社会发展中的一个普遍问题。改革开放以来，市场化与分权化改革改变了过去地方过度依赖中央的格局，使资源在政府间的分配更趋于平衡，从而增强了政府间相互依赖的程度。在政绩导向与财政压力的双重驱动下，地方政府逐渐成为一个相对独立的权力主体和利益主体，相互之间展开了激烈的竞争。一方面，地方政府通过竞争机制，摒弃了落后的发展观念，推动了技术创新，促进了产业结构的调整和优化，推进了经济体制改革、深化了对外开放，实现了中国经济持续高

速增长。同时也促进了政府自身职能的转变。另一方面，地方政府间的过度竞争，也产生了消极影响。第一，产业结构的趋同现象严重。不同区域在同一领域互相攀比、盲目引进、争上项目，形成小而全、脱离实际的产业布局。改革开放以来，先后在 1980 年、1985~1988 年、1992 年以后发生过三次重复建设高峰。第二，地区之间的贸易封锁和争端。区域内政府依靠行政命令对市场进行人为的分割，妨碍了生产要素的自由流动，导致国民经济运行机制失衡，不利于区域统一市场的形成和资源的优化配置。第三，跨区域公共物品供给不足。地方政府往往会对产生负外部效应的行为采取推卸责任的态度，而对正外部效应较强的项目则进行"搭便车"。由此导致跨区域的基础设施建设、环境治理和地区安全等公共产品与服务供给不足。

（二）两县合作协议不具有法律效应，导致龙凤示范区一体化有协作，无执行、监督和补偿机制

我国宪法和行政组织法缺乏关于政府间合作的法律法规，对中央政府在区域合作中的职责，地方政府的合作形式、组织机制、利益分配也无涉及。在政府合作实践中，往往是以协定、备忘录的形式进行，而由于政府间签订的协议及其执行细则没有相关的法律加以约束与保护，导致政府间协议缺乏约束力，使得其在促进政府合作、约束政府方面的作用有限，地方府际合作有些流于形式，签订的一系列合作协议难以得到有效的贯彻与执行。在调研过程中，两县在促进龙凤示范区一体化过程中签订了一系列合作协议与备忘录，但是在具体落实对接过程中，因为绩效考核标准、政策差异、地方利益等因素，导致一体化建设难以推进。如在涉及区域性的交通设施、场馆建设、工业项目布局等方面，合作协议缺乏约束力，也没有利益补偿机制，最后导致两县在这些项目上竞争。

（三）合作的政策环境差异大，受行政区行政的制约明显

龙凤示范区横跨两县两州两省，龙凤示范区一体化容易受到行政区划及行政管理体制的影响。

具体体现在：

一是政策环境差异大。据笔者调研所知，湖北与湖南两省在干部考核、工资福利待遇、招商政策、计划生育政策等诸多方面存在着差异，这势必会影响到龙凤示范区的一体化，尤其在政策一体化方面，单纯依靠两

县的努力，很难在打破政策壁垒方面有所突破，再加上地方保护主义作祟，进一步阻碍了龙凤示范区一体化的发展。

二是协调成本高。行政审批权限在不同层级政府间有明晰的划分与归属。作为县级政府，龙凤示范区在申报工业投资项目、基础设施建设等项目时，需要分别向两州两省申报，由于两省政策、发展战略差异等因素，协调成本较高，协调难度较大。尽管国家部委、两省及两州出台了一些协调龙凤示范区的措施办法，也成立了相关领导协调机构，但实际操作性较差，效果不明显。

三是考核机制与干部任期的影响。第一，考核机制对龙凤示范区一体化建设的持续性会产生影响。湖北湖南两省都要对县级领导进行考核，这在很大程度上决定了两县领导要负责各自行政区域的经济社会发展，在当前干部考核机制下，考核会影响到领导干部的注意力，决定了两县存在着竞争。同时两省发展战略与规划的差异，也影响着两县的经济社会发展战略，这些都可能成为两县合作的障碍。第二，干部任期制也会对龙凤示范区一体化建设的持续性产生影响。毫无疑问，县级主要领导干部的任期制也在很大程度上会影响龙凤示范区建设的进度。

在调研过程中，两县相关职能部门一直呼吁希望上级部门加强协调，认为需要国家的顶层设计，通过跨省协作协调的顶层设计才能从根本上解决跨省区行政管理体制困境问题。强调中央政府宏观调控与协调作用，是中央政府的超脱地位决定的，中央政府可以成为地方政府利益争端的裁判者，从而在地方政府的博弈结构中起到信息沟通与冲突裁判的作用，这就需要不断强化中央政府的宏观调控能力，而要强化中央政府的宏观调控能力，就要加强中央政府的政治权威，提高中央政府的财政能力，加强宏观政策的执行监督、集中管理具有全国性影响的公共事务。而在当前龙凤示范区一体化实践来看，中央政府的协调与宏观调控作用还不够明显。

四、推进龙凤示范区一体化的基本思路

当前龙凤示范区一体化存在着竞争多于合作，缺乏权威性制度化的议事协商机构，行政管理体制的掣肘等问题，这些问题背后有干部考核、理念、行政管理体制等深层次原因，因此深化龙凤示范区一体化，必须深刻分析问题成因，从这些方面来创新与改革，探索深层次、制度化的一体化道路。

（一）更新理念，勇于创新

龙凤示范区作为集中连片特困地区扶贫攻坚跨省协作的试验区，肩负多重使命，地方政府官员必须摒弃传统的观念，走出认识误区，大胆创新实践。首先，走出国家支持上的误区。地方政府领导传统的观念是，成为国家级改革试验区能够得到中央政府的财政资金支持与优惠政策照顾。随着中央政府对权力的下放与释放地方改革创新红利的需要，当前作为改革试验区，获得的中央财政资金投入与政策优惠的可能性越来越小，在此情况下，龙凤示范区所属的两地政府领导，不应该过度依赖于政府的倾斜性投入与政策，"等靠要"的思想只会阻碍龙凤示范区创新发展，而应该立足龙凤示范区，用好国家政策与资金，加大本地区经济社会发展建设。在实际调研过程中，两地官员都反映中央没有对武陵山地区、龙凤示范区给予具体的扶持政策，使得省州县在具体改革创新中不好对接落实。其次，走出建设上的误区。龙凤示范区建设，不仅仅是抓好重大项目建设即可，项目建设只是示范区建设的内容之一，两地政府不应忽略国家赋予的三大改革与一体化示范的目标。如果不走出建设上的误区，随着示范区建设的深入，在涉及重大利益的诸如火车站点设置、道路与场馆建设、工业项目布局等方面，就很难走出重复建设、招商引资竞争、产业结构雷同的结局，三大改革与一体化示范的目标也就无从谈起。再次，走出协作上的误区。龙凤示范区跨两县两州两省，不管在龙凤示范区的申报，还是在龙凤示范区的建设过程中，两地政府应该都是平等的主体地位，而不应该有谁领导谁、谁牵头的意识，在此平等主体地位的基础上，两地政府议事协调、通力合作与互相信任，才能更好地在龙凤示范区建设上达成共识，采取一致行动。

（二）制定区域法规，巩固合作成果

在国家层面，应该加快区域一体化法律法规的立法进程。当前经济全球化与区域一体化发展加速，国内形成和发展了数十个城市群与城市圈，区域经济的发展需要破除行政管理体制的壁垒，在当前行政区域保持不变的现状下，中央应该从立法的角度来调整区域一体化过程中地方政府间的关系。一方面，明确中央政府在区域一体化发展中的地位与作用。中央政府因为其超脱的地位，理应成为协调地方政府关系的主体，必须明确中央政府介入协调的前提、条件与方式，防止中央政府的不当干预。另一方面，区域性的法律法规需要明确地方政府在区域竞争与合作上的关系，在区域协调中的地位、权力与职责。地方政府的有序竞争应该允许存在，但需要以法律的形式规定地方政府竞争的原则与规则，解决冲突的方式与利益补偿机制。地方政府在区域合作中存在着软约束、有合作难执行、有合作难深化的问题，如何保证地方政府合作协议的权威性，需要从法律的角度来予以实现。

（三）完善区域一体化的组织协调机制

当前龙凤示范区两县在发展战略、产业基础、社会政策等方面存在着差异，并且短时期内并不能消除，为此必须完善区域一体化的组织协调保障机制，来促进龙凤示范区一体化的建设。

第一，调整干部绩效考核办法。干部绩效考核办法是地方政府官员的指挥棒，直接影响其价值理念与行为。两省在干部绩效考核方面的差异性，也导致了两县在龙凤示范区建设上的认知差异与利益分殊。为此，湖北省及恩施州对来凤县、湖南省及湘西州干部的考核应该有别于其他县市，并且在干部考核指标体系中注重引入来凤示范区建设方面的指标，从而加大对两县在龙凤示范区建设方面的引导。

第二，建立部省、省际和省州县三级协调机制。龙凤示范区先行先试改革创新离不开中央、省州的协调与支持，尤其在市场化程度不高的情况下，行政主导的特点尤为明显，更需要来自纵向与横向层面的协调与沟通。在部省层面，应该加强龙凤示范区建设规划、战略定位、产业布局等方面的指导与协调，实现两县的优势互补与协调发展。在省际层面，可建立高规格的领导机构，领导与协调龙凤示范区建设，定期研究协商解决龙凤示范区建设中的问题。在省州县层面，进一步完善现有的议事协调机制。

第三，适度扩大龙凤示范区两县政府的管理权限。龙凤示范区可以通过两省直接管理来扩大县级政府管理权限，即将部分需州级政府审批的事项，直接下放到县级政府来审批，部分需要省级政府审批的土地、项目、资金等事项由县直接报省，而省级层面的相关计划直接单列到县。

恩施市龙凤镇综合扶贫的成效、问题及建议

张 雄

2012年12月28～30日，李克强总理第二次视察恩施市龙凤镇，要求恩施在扶贫搬迁、移民建镇、退耕还林、产业结构调整等方面先行先试。2013年3月27日，省政府王国生省长主持召开会议，专题研究试点工作，湖北省恩施市龙凤镇综合扶贫改革试点正式确立，并形成"国家试点、省级领导、州级组织、市镇实施"的工作模式。当前，龙凤镇已经成为国家"扶贫改革"和新型城镇化发展的"排头兵"，需要依托自身资源，坚持先行先试，走出一条"生活安康、产业升级、生态和谐、文化繁荣"的美丽村镇建设之路，为我国2020年全面建成小康社会提供示范和样板。

一、恩施市龙凤镇贫困特点

（一）贫困户分布分散，但海拔高、远离中心镇的村贫困更严重

龙凤镇共有贫困户6 338户、20 681人，贫困发生率达到30.12%，在全镇18个村均有插花分布，但离集镇超过30公里，海拔较高的猫子山村、碾盘村、青堡村、龙马村和佐家坝村的贫困发生率均超过66%，而离集镇在10公里之内的村贫困发生率均不超过20%。

（二）绝对贫困和相对贫困并存，返贫率较高

龙凤镇有6 338户人均纯收入低于2 700元，属于绝对贫困户，其中有31户零收入，有27.9%的农户年收入低于2 300元。剔除掉绝对贫困户后，龙凤镇农民人均纯收入也仅为4 657元，不到湖北省的二分之一，这些农户没有逃离"低收入陷阱"，极容易返贫。

（三）仍有部分农户"水、电、路、信"不通

有83.8%的贫困户饮水困难，有82.7%的贫困户饮水不安全，有41.8%的贫困户居住房屋为危房，有83.7%的贫困户无卫生厕所。有29.3%的贫困户没有入户公路，有31.5%的贫困户距离主公路达8公里以上。贫困户中，有65户没有接入生活用电，有828户没有使用广播电视。使用清洁能源的只有274户，柴草是龙凤镇贫困户的主要燃料。

（四）绝对贫困户难以建立可持续生计

按人均纯收入分组分析，发现1500元以下的有492户，家庭结构偏小，多因老因病丧失家庭劳动力。人均纯收入在1500～2700元的农户，家庭结构主要为"2-2（夫妻加两个子女）"或"1-2-2（夫妻加老人加子女）"，多因病丧失家庭主要劳动力。这些绝对贫困户多数丧失人力资本，很难建立可持续生计。

（五）新常态经济下农户收入增长受阻

对低于2700元的绝对贫困户的普查显示，农户务工性收入为1525.1元，经营性收入为1023元，各类补贴为465.3元。对人均纯收入超过2700元的相对贫困户抽样调查显示，农户务工性收入在3000元左右，经营性收入在1200元左右，各类补贴为500元左右。可见，农户务工收入的多少决定农户贫困程度，这种收入结构受市场影响较大，且由于农户主要务工类型为低端制造业、城镇服务业和建筑业，在新常态经济下，市场低端劳动力需求减少，农村极易出现大面积返贫。

（六）"病、灾、学"是贫困农户致贫的主要原因

在农户自我认知中，病是农户贫困的主因，由于治疗不及时，贫困户大病和慢性病较多，对人力资本影响较大，调查显示，有一个劳动力有病的贫困户占到总数的62%，"一个劳动力有病基本就是当年返贫"。"学"是第二大原因，"家里一个学生，十年不能翻身"，调查显示很多学生毕业后不能有效就业，家庭教育投资回报较低。"灾"是第三大原因，由于灾害防御和救助体系的成熟，灾害对贫困的影响减少，但仍然有少部分生态条件较差的群众表示"一灾回到五年前"。

（七）生计资本匮乏是贫困农户自我造血的主要障碍

农户自我发展能力建构在人力资本和自然资本之上。从自然资本看，龙凤镇贫困户人均耕地面积为 1.29 亩，有效浇灌面积为 0.061 亩，人均林地面积为 4.17 亩，退耕还林面积为 0.095 亩。从人力资本看，户均有效劳动力仅为 1 人，户主中技能劳动力仅有 74 人，有 25.6% 的户主丧失劳动能力。家庭资产结构制约贫困户在市场中形成自我发展能力。

（八）农村内部及城乡之间的收入差距有加大趋势

从城乡收入差距看，2014 年底，城镇居民人均可支配收入 19 264.4 元，增长 20%；农民人均纯收入 5 905.9 元，增长 18%；城乡收入比达到 3.27，超过湖北省的 2.29，全国的 2.75。从农村内部收入差距看，龙凤镇人均纯收入低于 5 000 元的贫困户人均纯收入增长率约为 15%，低于平均水平，并且收入分组越低的贫困户收入增长率越低。

二、恩施市龙凤镇综合扶贫的模式

恩施市龙凤镇实施以"产业扶贫、搬迁扶贫、定向扶贫"为主的综合扶贫模式，探索以"投融资、镇村治理、农村产权经营、土地综合利用、公共服务均等化"为主的综合扶贫新机制，解决以"增收难、上学难、看病难、住房难、行路难、饮水难、用电难、留守难"为主的突出问题，构建"龙凤模式"。

（一）推进三种模式，实施精准扶贫

产业扶贫。通过建立农产品基地，发展支柱产业、订单农业、新型合作组织等，带动贫困农民调整产业结构，达到增收致富的目的。一是开展"滴灌式"扶贫。因地制宜，分村分户建立产业帮带措施，直接将产业发展资金补助到户、到人，解决贫困户"造血"功能不强、产业发展资金不足的问题。二是开展"喷灌式"扶贫。通过实施土地整治、农业综合开发等项目，形成"一村一品""一区一园"的产业结构，发挥品牌效益和规模效应，达到整体扶贫的目的。三是开展"池塘式"扶贫。汇集企业本金、农村集体经济收益、财政惠农资金、金融资金、农民合法产权，建立新型合作组织，让农民从中分享红利。四是建立市场风险保障机制。建立

政府性抗市场风险调节基金，引进保险企业参与产业发展，提高农业产业抗风险能力。

搬迁扶贫。将条件恶劣区域的贫困人口搬迁到安置区，不断改善安置区的生产生活条件，调整产业结构，拓展增收渠道，使贫困人口逐步脱贫致富。一是科学规划，合理布局。根据试点建设总体规划和扶贫搬迁规划，引导试点贫困人口向一主两副九个中心社区三十三个集中居民点搬迁。二是整合资金，差别奖补。整合专项扶贫、民族发展、生态移民、住房保障、危房改造、特色村寨保护与发展、巩固退耕还林成果、新农村建设和土地出让收益及其他社会资金等用于搬迁扶贫工作，根据贫困程度实行差异化奖补。三是群众自愿，分类指导。尊重群众意愿，根据不同搬迁对象、不同落户地点实行分类搬迁安置，确保"搬得出、稳得住、能发展、可致富"。

定向扶贫。精准识别，瞄准对象，找准原因，定向制定帮扶措施。一是按照《恩施市龙凤镇综合扶贫改革试点贫困人口建档立卡工作实施方案》相关规定，精准识别贫困人口，对贫困村、贫困户建档立卡，对贫困人口一年一评定，实行动态管理。二是深入分析贫困人口致贫原因，重点解决突出困难，分户制定帮扶措施。三是开展"四个一"结对帮扶工程（一名党员干部、一家企业或单位、一家银行共同帮扶一户贫困户），建立党员干部、企业或单位、金融机构对口联系贫困户机制。四是加大职业技能培训力度，提高贫困人口劳动力就业能力。五是对救助无法脱贫的特困人口，在尊重本人意愿的前提下，实行政府"兜底"安置。

（二）创新五项机制，建立长效措施

创新投融资机制。一是加大财政资金整合力度。按照"大类统筹、小类调整""大类间不整合、大类内整合"的原则，整合财政资金，用于产业发展、基础设施建设和社会事业发展。二是探索财政资金配股机制。将投入农业产业化建设财政资金的一部分作为农民在企业或合作社中的股份，允许财政补助资金形成资产转交合作社持有、管理，增加农民资本收益。三是探索建立国有资本投资营运公司。整合镇级国有资本，盘活国有资产存量，注重财政资金与担保、再担保政策性保险等金融手段协调配合，放大财政资金效益，提高财政资金使用效率。

创新镇村治理机制。一是完善"以钱养事"机制。创新乡镇事业单位管理体制和运行机制，加大投入力度，引入市场机制，提高农村公益事业服务水平。二是探索镇村人才机制。优化基层组织干部结构，整合基层人力资源，在村医、村教进村"两委"班子的基础上，以村级组织换届为契机，进一步拓宽选人视野，探索建立各类优秀人才参与村级事务管理、服务群众的常态机制，提高村级组织治理水平和服务能力。三是创新社会治理机制。开展平安法制建设，实施社区网格物业化管理，探索建立民事调解等多元化公共服务组织，提升基层社会治理能力。四是创新绩效考评机制。建立以体制机制创新、扶贫开发为主要内容的考评机制，强化扶贫绩效管理，将各村（居）委会、镇直单位、镇村干部开展扶贫工作情况作为考核重点，促进综合扶贫取得实效。

创新农村产权经营机制。培育和发展农村产权交易市场，规范农村产权交易行为，推动城乡生产要素流动，优化资源配置。一是建立农村产权交易平台。依法对农村土地承包经营权、农村集体经济组织"四荒地"使用权、农村集体经济组织养殖水面承包经营权、农村集体经济组织股权、农业类知识产权、农村集体建设用地产权（含农村闲置宅基地）、农村房屋所有权、农村集体林地使用权和林木所有权、农村集体项目（工程）的招投标及其他可依法交易的农村产权进行交易。二是探索建立新型股份合作社。通过资本注入、项目补助、农业佣金、产业担保、贷款贴息、以奖代补等形式支持新型股份合作社发展。引导农民以资金、技术、土地承包经营权、土地使用权、林地所有权、设施（设备）等多种要素作为股份入股，增加农民财产性收入和工资性收入；支持农村集体经济组织对农村集体资产进行量化折股，参与新型股份合作社；探索集体资产占有权量化折股和退出机制。

创新土地综合利用机制。一是依据土地利用总体规划，探索农户分散拆旧、集中建新、限时验收兑现的土地增减挂钩模式。建立农户宅基地有偿退出机制，引导农户到新城镇、新市镇和新社区安居置业。通过建新拆旧和土地整理复垦等措施，实行建设用地增减挂钩，增加耕地有效面积，提高耕地质量，节约集约利用建设用地，使城乡用地布局更加合理。二是探索土地整治新模式。按照"统一规划、分户自建、统一验收、兑现奖补"的原则，探索土地整理项目农户自建模式；按照"政府统筹、整合资金、统一实施"的原则，探索整合资金、统一实施项目模式；按照"政府监管、企业参与"的原则，探索龙头企业或专业合作社实施土地整理项目模式。三是探索土地确权机制。按照所有权、承包权、使用权分离的原则，对农村土地进行确权颁证，让土地流转规范有序，发展适度规模经营。

创新公共服务均等化机制。一是探索学校共同体建设。加快试点中小学、幼儿园等教育基础设施建设，构建"大校带小校"的教育共同体，实现优质资源共享。二是创新医疗卫生服务机构管理体制。整合医疗卫生资源，实行集团化管理，探索将优质医疗资源下放到基层，建立优质医院与镇村医疗机构紧密型合作关系，逐步解决基层医务人员紧缺、医疗水平低、老百姓不信任等问题。三是加快农村新社区建设。完善农村社区交通、水利、电力、通信、教育、卫生、商贸等基础性公共服务设施。整合社区文化、体育、科普、广播电影电视、党员教育活动室资源，建设村级综合性文体服务中心，让农村居（村）民享受城镇居民生活。四是探索户籍制度改革。在保障农民合法权益的基础上，逐步取消农业、非农户口分类，建立"一元化"户籍制度。五是完善城乡社会保障体系。探索建立统一的城镇职工和城乡居民基本养老保险制度，扩大农村社保覆盖面，实现新型农村和城镇居民社会养老保险全覆盖。改善农民居住条件，探索农村公租房、廉租房建设与管理。六是探索农村殡葬管理，实现农村集中公墓安葬模式，推进农村殡葬管理的公益化和社会化。

（三）"龙凤模式"的具体措施

实施"产业扶贫"，解决"增收难"。实施以茶叶、生猪、烟叶、蔬菜、家禽、生漆、魔芋、金银花等为主导产业的产业扶贫，按照"滴灌式"、"喷灌式"、"池塘式"三种模式推进。

"滴灌式"。因地制宜，分村分户建立产业帮带措施，直接将产业发展资金补助到户、到人，用于采购种苗、仔猪或禽苗等，解决贫困户"造血"功能不强、产业发展资金不足的问题。

在碾盘、双堰塘、店子槽、龙马、猫子山、佐家坝、吉心、二坡8个村新建茶园20 000亩，改造升级茶园5 000亩，其中涉及贫困人口3 753户9 757人，新建茶园12 085亩。在杉木坝、古场坝建设年出栏12万头生猪养殖基地，其中新建万头养猪场1个、"150"模式养殖大户20户、"155"模式小区10个，其中涉及贫困人口200户5 220人。在青堡、二坡、吉心、大转拐、店子槽、杉木坝、古场坝、碾盘等村规划建立基本烟田2.1万亩，常年稳定烤烟种植面积5 000亩以上，其中涉及贫困人口777户2 020人，种植烟叶1 940亩。在青堡、碾盘、二坡、吉心、大转拐5个村发展烟菜轮作蔬菜6 000亩；在杉木坝、古场坝2个村建立城郊精细蔬菜3 000亩；在杉木坝、吉心、大转拐建立设施蔬菜1 000亩。其中涉及贫困人口 2 624 户 6 822 人，种植蔬菜 4 600 亩。在大转拐、吉心、二坡 3 个村建设年出（存）笼 100 万羽家禽养殖基地，发展 153 模式养禽户 200 户，存笼 10 万羽以上家禽养殖场 1 个、5 万羽以上家禽养殖场 1 个，其中涉及贫困人口 5 027 户，养殖家禽 121.25 万羽。在青堡、龙马、碾盘、佐家坝、店子槽 5 个村发展生漆 12 750 亩，其中涉及贫困人口 3 568 户，发展生漆 4 970 亩。在青堡村（茶园沟、后河、五间房）发展魔芋 500 亩、金银花 1 000 亩，其中涉及贫困人口 300 户 780 人，发展魔芋 350 亩、金银花 700 亩。

"喷灌式"。通过实施土地整治、农业综合开发等项目，整理土地 3 万亩，建立 10 个千亩（万头、万羽）"喷灌式"产业基地，形成"一村一品"、"一区一园"的产业结构，发挥品牌效益和规模效应，达到整体扶贫的目的。

一是龙马保扎千亩茶叶示范基地：涉及龙马村 3 个村民小组，建设高效标准茶叶基地 1 200 亩，其中贫困人口 190 户 760 人。二是碾盘千亩茶叶示范基地：涉及碾盘村 2 个村民小组，建设高效标准茶叶基地 2 000 亩，其中贫困人口 197 户 616 人。三是柑子坪千亩茶叶示范基地：涉及柑子坪村 2 个村民小组，建设高效标准茶叶基地 1 200 亩，其中贫困人口 195 户 890 人。四是佐家坝千亩茶叶示范基地：涉及佐家坝村 2 个村民小组，建设高效标准茶叶基地 1 500 亩，其中贫困人口 280 户 728 人。五是猫子山千亩茶叶示范基地：涉及猫子山村 3 个村民小组，建设高效标准茶叶基地 2 600 亩，其中贫困人口 147 户 461 人。六是青堡千亩现代烟草示范基地：涉及青堡村 3 个村民小组，建设现代烟草基地 1 500 亩，其中贫困人口 60 户 236 人。七是茶园沟、后河千亩生漆示范基地：涉及青堡村 4 个村民小组，建设生漆基地 5 500 亩，其中贫困人口 260 户 860 人。八是杉木坝万头生猪养殖示范基地：涉及杉木坝村 1 个村民小组，建设 1 个生猪养殖基地，其中贫困人口 45 户 149 人。九是杉木、古场千亩精细蔬菜示范基地：涉及杉木、古场村 2 个村民小组，建设精细蔬菜基地 1 200 亩，其中贫困人口 60 户 185 人。十是二坡万羽家禽养殖示范基地：涉及二坡村 3 个村民小组，建设家禽养殖小区 5 个，养殖家禽 110 万羽，其中贫困人口 120 户 365 人。

"池塘式"。试点建设新型专业合作社 55 个，吸纳 4 295 户农户 25 个企业入社；建设 18 个村级金融互助合作社，财政注入资金 360 万元；实现试点新型专业合作社和金融互助合作社"两个全覆盖"。达到汇集企业本金、农村集体经济收益、财政惠农资金、金融资金、农民合法产权，建立新型合作组织，让农民从中分享红利的目标。

实施"搬迁扶贫"，解决"住房难"。按照"一主两副九中心社区三十三个居民点"的空间布局实施搬迁 6 338 户。其中就地城镇化（拆迁安置）1 004 户，集中居民点搬迁 1 378 户，就地民居改造 3 234 户，公租房安置（廉租房）410 户，福利院安置 186 户，其他安置方式 126 户。年度目标为：2014 年搬迁 1 000 户，2015 年搬迁 1 650 户，2016 年搬迁 1 687 户，2017 年搬迁 2 001 户。

实施"定向扶贫"，解决"上学难、看病难、行路难、饮水难、用电难、留守难"。加快龙凤初中迁建、龙马九年一贯制学校建设，完成杉木小学、小龙潭小学、熔炉小学、金茂小学、龙凤小学、向家小学、武商小学标准化建设，龙凤、龙马和双堰塘 3 所幼儿园建设，加大贫困生助学力度，帮助因贫辍学适龄儿童返校接受义务教育，免费让 500 名贫困学生到中等职业学校学习。加快龙马卫生院和其他村卫生室建设，到 2015 年前完成 18 个村卫生室标准化建设。新建三级公路 24.5 公里，通畅公路 40 公里，改扩建村组公路 50 公里，消除村级经济断头路，日常养护管理公路 200 公里，开通通村客运班车 30 班（台）。建设小型水厂 4 个 2 000 立方米，铺设供水管网 30 000 米，建设小水窖 100 口，解决 4 474 户 15 082 人的贫困人口饮水问题。加大农村电网升级改造工作力度，因地制宜实施大电网延伸工程，改造 20 个电力台区，解决贫困人口 3 147 户 8 253 人电力电压弱问题。发展适合留守妇女致富的项目 8 个（种），解决 1 200 名留守妇女就业；探索建立 10 个留守儿童教育和管理中心；建立民间爱心服务组织 18 个，让每位留守老人感到社会温暖；新建龙马养老福利院。每年开展一期（100 户）"四个一"结对帮扶工程（一名党员干部、一家企业或单位、一家银行共同帮扶一户贫困户）；建立党员干部、企业或单位、金融机构对口联系贫困户机制。每年对农村贫困人口开展职业技能培训 200 人次，提高贫困人口劳动力就业能力。对 326 户 917 人特殊困难群体实行政府"兜底"安置。

三、恩施市龙凤镇综合扶贫形成的经验

为加快脱贫步伐，恩施市龙凤镇实施以"产业扶贫、搬迁扶贫、定向扶贫"为主的扶贫模式，经过两年探索，形成以下几点经验：

（一）区域统筹规划，具有长远布局

试点编制完成了3个总体规划和23个专项规划，在规划中以全面小康社会为目标，坚持特色产业和特色城镇双轮驱动，把工业和农业、城市与农村、城镇居民和农村居民作为整体，推进城乡规划、产业布局、基础设施、公共服务、社会管理、市场体系、基层党建一体化。区域统筹规划有利于形成大扶贫和长效扶贫的格局。

（二）产城协同发展，形成良性循环

试点形成"特色产业富民，梯次移民建镇，特色集镇增值"的发展形态：首先，大力发展资源型特色产业，以壮大特色产业增加农民收入；其次，在农民收入提升的条件下，坚持农民自愿原则，将农户梯次转移到产业基础、城镇软硬环境配套的特色城镇中，让他们搬得来，留得住，能致富；最后，以特色城镇为依托，促进土地流转集中，加快家庭农场发展，大力发展特色旅游，提升产业的附加值和竞争力。

（三）注重民生设施建设，厚实发展基础

试点形成"农村城镇化，农业现代化，农民市民化"的基础设施建设格局：一是"科学布局、有序推进"改造农村路、水、电等基础设施；二是"规模化、标准化、集约化"改造农业生产基础设施；三是按照城镇化标准打造农民社区和特色集镇。

（四）注重扶贫政策创新，构建综合扶贫格局

一是打造"领导主责、政府主导、企业主体、乡镇主办、群众主力"的工作模式，加强扶贫合力；二是按照"大类整合、小类调整"方式，构建"项目统筹、资金统拨、监管统一、绩效统评"整合体系，形成规模效益；三是项目申报建设整合打包，提升整体效果。

（五）注重市场机制创新，加快盘活农村资产

一是将农户的土地承包经营权、土地使用权和地面附着物作价转化为股权，将村集体资源、资产、资金量化为股份分配到农户成为股权，组建股份合作社。对村范围内的所有农业用地由股份合作社统一改造、经营或对外承包、租赁和入股。二是对村范围内的建设用地实行统一规划，集中

建房或由股份合作社进行商业开发，修建宾馆酒店、标准厂房、商住房等，获得的经营、租赁收入，农户按股权分红。三是成立市农村集体资产产权交易中心，促进集体资产的处置与交易。

（六）注重社会治理创新，完善公共服务体系

一是试点探索"村医村教进班子、法律顾问进乡村、农民办事不出村"为抓手的"三位一体"基层治理模式。二是建立"大院带小院"城乡医疗服务机制，州中心医院对口支援龙马卫生院，市中心医院对口支援龙凤卫生院，促进城乡优质医疗资源共享。三是大力实施同步课堂，推动城乡优质教育资源共享，龙凤初中、龙马初中与小渡船中学实行同步课堂，打造城乡学校共同体。

四、恩施市龙凤镇综合扶贫存在的问题

（一）绝对贫困户缺乏政策覆盖

目前，试点各项政策更重视区域发展，有利于整体减少贫困率，有利于促进相对贫困户的发展，有利于降低返贫率，但对于丧失劳动力和自我发展能力的绝对贫困户，需要有更好的政策覆盖，否则会"富了一批，穷了一批"。

（二）政府主导扶贫的意识太重

试点对政府如何进行产业布局和产业发展的着力过多，而"打基础、建特色、引资金、做保障"为农业企业服务，培育农户自我能力的相关项目和政策较少。这种扶贫策略不能真正培育出具有竞争力的市场主体。

（三）扶贫项目存在一哄而上的现象

市场机制下，脱贫致富有其既定的规律：先要依托资源厚基础，才能吸引资本重开发，最后依靠科技图长远。金融资本必须附着在一定的物质资本和人力资本之上才能发挥效力，试点在资金项目有限的情况下，不宜一哄而上，而应凝练项目，重视人力资本的形成，产业基础设施的建设等基础性工作，一旦现代农业产业发展的基本要素形成，市场资本自然趋利而来，发展更有长远性。

（四）龙头企业市场竞争力较弱

龙头企业发展是强村富民的基础，龙头企业竞争力不强，市场风险就大，一旦龙头企业出问题，伤害的是大量的贫困农户。目前试点的特色产业开发还存在一系列问题，主要是专业批发市场和产地销售市场建设滞后，特色农产品距离大宗消费市场较远，销售成本相对较高；农业龙头企业总数少、规模小、档次不高、带动农户总数比例不大；龙头企业缺乏核心竞争力，利润不高，市场风险较大。

（五）村集体带头人的能力不足

村集体带头人是带领农民致富的"领头雁"，目前试点中村集体带头人强村富民能力制约了扶贫工作的推进，表现在：文化程度不高，制约强村富民能力；家庭总收入偏低，自身致富能力不强；发展紧迫感不强，带领村民致富能力差；人才流失严重，农村工作缺乏活力；部分村集体带头人缺乏一技之长。加快培养一批具备强村富民能力的村集体带头人，已成为提高试点区域农户自身发展主动性的关键。

五、龙凤镇综合扶贫试点建设引发的政策反思

根据龙凤镇贫困现状调查，结合 2014 年武陵山区百村调查的相关数据，我们发现贫困问题表现出新的特征：宏观上看，普遍贫困向区域贫困转变、绝对贫困为主向相对贫困过渡、长期性贫困与暂时性贫困并存；微观上看，家庭致贫由物质困乏、生态恶劣、交通不便等外部因素向生计不稳、灾、病、学等内生因素转变。归根结底，现阶段的贫困问题是市场化过程中，部分农户不能有效参与市场分工形成的：农户如果不能有效地融入市场，就没有稳定的现代生计，就不可能实现长期脱贫；农户如果不能在市场上展现出竞争力，就不可能提高收入，摆脱返贫陷阱，实现小康生活。

反思我国传统农村扶贫工作，主要由"政府包办，政府运作、政府服务、政府监督"：扶贫理念上，聚焦于如何帮助贫困人口缓解贫困和摆脱贫困状态；扶贫目标上，重视缓解贫困，而忽略现代生计形成；扶贫手段上，重视"输血"，而不重视"造血"。这样的模式有利于集中力量办大事，集中解决普遍性的贫困问题，但是不能有效帮助贫困农户参与市场分

工，提高农户在市场中的自我竞争能力。

从这个角度看，当前主要反贫困措施，均存在一定不足：直接救助模式，有助于应对重大灾难或人为原因造成的贫困，但并不能从根本上解决贫穷问题；项目扶贫模式，有助于集中力量建设大中型农田水利设施，解决制约贫困地区经济发展的瓶颈，但容易造成追求政绩的短期行为，忽视贫困农户的主体性和自我发展能力的培养，强化其对政府和基层行政组织的依赖性；产业化扶贫模式，有助于发展壮大龙头企业，促进贫困地区特色产业的形成，但龙头企业与农户之间的利益联结机制容易偏离扶贫目标。

因此，要做到"真扶贫，扶真贫"，宜将扶贫的目标从缓解贫困转变为形成现代生计。其策略是通过推动农村居民的全面发展，增强其自身的市场参与和竞争能力。这种能力的提升需要整体性的社会扶贫政策，包括建立劳动力市场，促进人力资本投资，盘活农村资产，重视物质资本投资，通过生产性就业和自我就业，消除农户经济参与的障碍来实现这种转变。

六、几点建议

（一）精确瞄准，建档立卡，动态管理

建议进一步细致分析贫困户致贫原因，按照贫困户市场参与能力分类指导，建立贫困户跟踪信息平台，从家庭生命周期和可持续生计角度进行动态扶持。

（二）重视农业基础设施综合改造项目

建议结合相关规划，按现代农业标准，加强农业生产性基础设施建设，如农田水利基础设施、农业机械拥有量、农业交通基础设施、农产品仓储基础设施和农产品市场基础设施等项目建设。

（三）探索综合扶贫项目的市场化运作

建议进一步深化"统一规划，分户自建"的土地治理机制，探索农业基础设施后续维护的市场化机制，探索龙头企业参与综合扶贫项目的融资机制等。

（四）重视绝对贫困户的扶贫机制创新，兜底绝对贫困

建议探索低保、扶贫和农业的相关制度的整合机制，对已经丧失自我发展能力的绝对贫困户，低保兜底，政府担保，盘活其农业资产，促其增收。

（五）重视教育扶贫机制创新，阻断代际贫困

建议探索通过职业教育加快贫困农户人力资源开发，创业教育推动年轻农民回乡创业的相关机制。

（六）详细制定合理的扶贫路线图

建议根据试点总体规划，设定合理的扶贫路线图，确定政策改革节点和项目发展重点，分年度有序推进总体扶贫进程，提高资金的总体利用效率。

（七）提高龙头企业市场竞争力

建议探索通过金融、科技、营销等行业扶持，确实提高龙头企业市场竞争力的相关机制，增强其发展的持续性。

（八）增强农村自我发展能力

建议提高村集体带头人富民强村的能力，建立农民土地流转的保障保险机制，返乡农民创业的金融担保机制等。

村庄政治精英对村庄经济发展影响研究

——以恩施州来凤县为例

苏 茜

一、导论

(一) 选题背景

来凤县位于鄂西南边陲,地处武陵山区腹地,酉水上游,与湘、鄂、渝三省市交汇,有"一脚踏三省"和"湖北西大门"之称。县域东西宽42公里,南北长61公里。全县辖6镇2乡,185个行政村,1 808个自然村,46个贫困村,常住人口24.5万人。全县人口分属17个民族,以土家族、苗族、侗族为主的少数民族人口占总人口的62.5%。2014年,来凤县财政总收入6.86亿元,地方一般预算收入3.14亿元,城镇居民可支配收入19 398元,农民人均纯收入7 050元。按2 736元的国定贫困标准,来凤县建档立卡贫困系统中有46个贫困村、2.1万户、7.9万人的贫困对象,贫困人口占全县农村人口的30%。贫困发生率高于全国21个百分点、全省20个百分点。贫困形势依然十分严峻。

十八大报告中提到,解决好农业农村农民问题是全党工作的重中之重,要把国家基础设施建设和社会事业发展重点放在农村,深入推进新农村建设和扶贫开发,全面改善农村生产生活条件,可见农村问题对于中央的重要性。中国农村经济改革与发展的实践经验证明,微观经济主体的内生发展动力是乡村快速发展和农民收入持续提高的关键因素。村庄虽然不属于正式的国家权力单位,村干部没有正式的官员身份,但是他们世代居住在"熟人、半熟人"的农村社会,常常又"亦官亦民",处于"官系统"和"民系统"的夹缝中,具有双重角色,一直是村庄政治活动和经济命运的主导者。村干部在追求自身目标的同时,必须在有限的资源条件下激励村民采取与之一致的行为。在我国农村，村干部一般分为两种，一种是以村支书为首的党委班子，另一种是以村长为首的群众组织，两者性质不同，但是本书将这两种村干部均视为村庄政治精英，因为这两大套班子在很大程度上是相互重叠的。

村庄政治精英是本土化的领袖人物，处于社会主义新农村建设和乡村治理工作第一线，不仅担任着国家政权代理人的角色，也是农村社会的当家人，承担着发展农村经济的重任，是农村经济发展内生动力的激发人与驱动人。道格拉斯·诺斯说过，有效率的经济组织是经济增长的关键，而村庄政治精英就是村经济组织的直接管理者，村庄政治精英的个体特征直接影响村经济发展。我国多年农村发展经验表明，村庄政治精英是带领一个乡村走向成功的关键性因素。来凤县面临着贫困面广、贫困程度深、自然灾害频发、基础设施薄弱等贫困现状，要想2017年完成整县脱贫、2020年实现全面进入小康社会的目标，必须发挥好村庄政治精英发展经济和带领村民脱贫致富的角色，村庄政治精英对于农村经济发展非常重要，值得深入研究。

(二) 研究目的和意义

1. 研究目的

本文研究的目的在于：利用统计学方法分析来凤县200个村的村庄政治精英的相关问卷与采访资料，探寻村庄政治精英哪些个体特征对村庄经济发展产生较大影响，在描述分析的基础上构建合理模型，揭示村庄政治精英个体特征对村庄经济发展的影响，在此基础上做更深入的分析，并提出针对性举措，以提高来凤县村庄政治精英的致富带富能力，从强大村庄政治精英为出发点来解决来凤县贫困现状，实现来凤县2017年整体脱贫目标。

2. 研究意义

(1) 理论意义。本文研究的理论意义在于：从历史唯物主义的角度看，正是由于人类有意识和有目的的实践活动，才促进人类社会有了较好的发展。作为一个农业大国，我国广大的村庄政治精英群体是推动农村不断进步和发展的最主要力量。他们不仅是我国社会主义新农村建设的参与者，同时也是农村经济社会不断进步的推动者。为了更好地发挥村民群众建设乡村的积极性、主动性及创造性,除了需要党和国家从外部环境上提供政策性的引导和支持,更需要在知识、文化以及资源等方面处于优势地位的村庄政治精英群体的激励和带动。通过对村庄政治精英群体进行研究,总结出他们带富致富的成功经验和规律,有助于对其他村庄政治精英和村民群众起到宣传和激励的作用。

(2) 现实意义。本文研究的实践意义在于:来凤县属国家重点贫困县之一,按国家新定扶贫标准(2 736元),来凤县还有贫困人口7.9万人,占全县农村人口27万人的29.2%,贫困发生率高于全国21个百分点、全省20个百分点,贫困状况堪忧。村庄政治精英作为乡村治理的核心,担负着带领农民致富和乡村发展的重任,是乡村经济发展的关键。要想尽快实现连片贫困地区脱贫、全面进入小康社会的伟大目标,需要科学、客观认识村庄政治精英对乡村经济发展产生的影响,发现村庄政治精英对乡村经济发展的制约,根据现状提出解决措施,更好地发挥村庄政治精英带领村民脱贫致富职能,促进乡村经济发展。

(三) 文献综述

1. 国内研究现状

随着对农村问题研究的兴起,对农村精英的研究也逐渐成为一个重点。国内关于农村精英的研究主要集中在精英的概念、精英的划分、精英流动、典型乡村的精英研究以及精英的生成等方面。

(1) 关于农村精英概念的研究。郝海亭等(2014)认为农村精英的概念属于社会分层的范畴,一般具备三个特征:自身在某领域占据优势资源;个人取得一定程度的成功且有调动资源、权威的能力;能运用资源或权力对农村社区成员及整个农村社区的发展产生一定的影响。韩福国、宋道雷(2014)认为"农村精英"群体是指在知识、经济、政治(国家的或者传统的家族意义)上拥有"话语权"的人群。顾金喜(2013)认为农村精英主要指乡村社会中那些在政治、经济、资源和社会网络结构等方面具有突出能力,并能利用自身所具有的优势资源对乡村治理发挥重要作用、促进乡村社会良性发展的乡村权威。张英魁等(2008)认为农村精英指的是在经济资源、政治地位、社会关系、社区威信、办事能力等方面具有相对优势,具有较强的自我意识与参与意识,并对当地的发展具有较大影响或推动作用的村民。王中标(2007)则认为所谓农村精英是指"乡村社会中，某些在经济、个人能力、社会资源等方面拥有优势，并利用这些资源取得了一定的成就，为社会做出突出贡献，同时被赋予了一定权威，能够对社会本身乃至其成员产生影响的社会成员"。吕世辰、胡玉霞（2003）认为，农村精英指的是农村中在村民中有威望、有影响和有号召力的人。仝志辉（2002）认为，在小群体的交往实践中，那些比其他成员能调动更多社会资源，获得更多权威性价值分配如安全、尊重、影响力的人，就可称为精英。华中乡土派的代表人物贺雪峰教授（2001）指出："精英在农村社会中扮演重要角色，其类型与村庄记忆共同决定村庄性质，'他们在国家政权与普通村民之间居于承上启下的中介位置，构成村庄权力互动的交叉点和结合部'。"

（2）关于农村精英的结构分类研究。郝海亭等（2014）认为常见的对农村精英的分类有两种：一种是分为政治精英、经济精英和社会精英三类；另一种是分为体制内精英（村干部）和体制外精英（宗族权威人士、经济能人、文化能人、退伍军人、下乡知青等），其中也包括"城归型""回归型"或"投资型"农村精英。金太军（2002）根据农村精英在乡村内是否掌握正式资源，把其分为掌握正式资源的体制内精英和掌握非正式资源的体制外精英，这种分类方法后来被广泛采用。项辉、周俊麟（2001）认为农村精英可以分为政治精英、经济精英和社会精英三类。贺雪峰（2000）把中国农村精英分为传统型精英和现代型精英，从某种意义上讲，衡量农村精英属于现代型还是传统型本身具有相当难度，而且很难建立区域性分析的指标。于是，在此基础上，贺雪峰（2001）又把农村精英分为治理精英和非治理精英，即治理精英是在任的村（组）干部，而非治理精英是对村（组）干部的决策和行为具有重大影响力，并且对普通村民具有影响力和号召力的非在任村（组）干部。王汉生（1994）把中国农村精英分为党政精英、经济精英和社会精英，这是较早对中国农村精英的结构进行的研究。

农村精英的分类标准是我们研究农村精英问题的基础。在国内学者中，较为普遍和清晰的分类方法是根据农村精英在乡村内发挥主要影响的社区互动领域，把农村社区精英分为政治精英、经济精英和社会精英。

（3）关于农村精英的功能和作用研究。农村精英是农村社区具有优势资源，且对农村社区建设具有巨大影响的群体，在农村社区的政治、经济和文化等方面都发挥着重要的作用。

胡军、岳奎（2015）认为农村精英是农村经济社会发展的重要支撑力量，而精英与民众的差异主要在于两个维度：一是权力维度，指影响他人行为的能力，二是权威维度，即影响他人行为的权利。卢飞（2008）认为，经济精英是生产的示范者和引导者、市场进入的组织者、科技示范的推广者、"农商结合模式"的推动者，成为了主导农村经济的主力军，是新的乡村"精神领袖"。王中标（2007）认为，精英的本质属性和特质决定了乡村精英对村民具有动员和示范作用，这是乡村精英的根本作用，其他作用都围绕它而展开。具体而言，作用如下：首先，乡村精英能促进乡村经济的发展和政局的稳定；其次，乡村精英尤其是治理精英，在乡镇政府与村民之间起到桥梁纽带作用；最后，乡村精英是建设新农村的主要依靠力量。李军（2006）从社会资本的角度出发，指出农村精英在改造农村传统社会资本，构建现代社会资本的过程中起着不可替代的作用：第一，精英是农民组织化的凝结点、社会网络的编织者；第二，精英是社会规范的维护者、道德舆论的提倡者；第三，精英是信任等现代观念的弘扬者、社会合作行动的推动者；第四，精英是社会关系网络的连接者、外部网络资源的拓展者。乡村精英是农村发展的领头雁，多元化的精英使得农村政治、经济和文化等方面都涌现出了带头人。旷宗仁、杨萍（2004）认为，由于精英多元化的特点，不同精英在民众中起着不同的作用：先锋模范、组织领导、技术服务、经营管理、思想呼吁。陈光金（2004）认为，关于乡村精英对于乡村社会经济发展的影响问题，乡村精英对于其地位的获取和维持主要是通过经济资本、人力资本、社会资本的积累和扩张实现的。任敏（2003）认为流出精英通过回寄资金、带回技术、传播现代观念等方式积极谋求改变乡村落后、贫穷的状况，促进了农村经济生活条件的改善、农村社会的发展，从而在根本上促进了农村稳定。郎友兴（2002）把在中国乡村民主化进程中政治（治理）精英的作用描述为"决策者"、"制作者"、"组织者"、"推动者"、"平衡者"、"操纵者"。项辉、周威锋（2001）认为农村经济精英对乡村经济建设及村级事务决策都有重大影响，并考察了其参与乡村政治的过程及绩效等。

同时，还有许多学者在实证研究的基础上，进一步认识农村精英在农村发展中举足轻重的作用。尤其是在村民自治的背景下，农村精英在农村公共事务中发挥的作用越来越大。

张润君、刘红旭（2008）通过研究乡村精英在社区居民婚嫁丧葬中的角色扮演，指出乡村精英在集体行动中对公共资源的分配、公共权力的行使及逐渐成型的权力运作模式，不仅考量着他们自身对所扮演角色的理解，而且在农村社区居民对其角色的期待中改进、完善。陈冰、吴国清（2007）以弱社区记忆的传统乡村为个案，调查得出农村非治理精英对农村社区发展有着显著的作用，主要体现在经济带动扶持作用、参与乡村治理和彰显社会示范、解决公共事务方面。苏杨珍、翟桂萍（2007）结合山东省邹平县张高村村民自发合作修路成功的典型案例，对村民自发合作提供小规模公共产品的行为进行理论和实证分析，认为乡村精英在乡村公共产品提供的过程中起到了制度供给者、组织成本承担者、社会资本盘活者三种角色作用，成为合作成功的关键因子。周秀萍等（2006）通过对一个缺乏集体积累的贫困乡村进行典型个案分析，提出了村级公共产品与服务的精英"化缘型"供给模式，他们认为乡村精英的奉献精神与丰厚的社会资本是依靠外援供给的源头。刘俊浩（2006）则具体从组织动员机制的角度分析了乡村精英在农村社区农田水利建设方面的影响作用。吕世辰、胡宇霞（2003）通过对山西60个农村进行调查，发现农村乡村政治精英与公共服务供给——基于山西L村的调查精英发挥作用的方式主要有：村民向精英请教、精英在某些方面对村民帮助、精英人格魅力、组织发挥。他们认为，农村精英通过这些方式在经济上积极带动广大村民致富，政治上农村精英是党和政府的政策在农村落实的"二传手"，在社会生活中把现代观念和生活方式引进农村，热心公益事业，团结和联系村民，增强村民凝聚力。

（4）关于农村政治精英与村庄经济发展影响研究。就目前的研究成果看，学者们的研究大都从部分角度研究乡村政治精英与村经济发展关系。

于潇（2014）利用北京大学CFPS2010数据，对村委会行为、村干部的特征与农民平均纯收入之间的关系进行了研究论证，认为村干部的性别因素和受教育程度能够显著地影响农民的收入。赵波、张惠琴（2013）使用因子分析法验证村干部素质与农村经济发展之间的关系发现，村干部文化素质、综合能力素质、人格品格素质对农村经济发展有显著影响。高梦滔（2013）利用微观面板数据分析了村干部的知识化、年轻化对农户收入和贫困发生率的影响，发现村干部的知识化与经验有效结合可以发挥增加农户收入与降低贫困发生率的双重效果。裴志军（2011）基于CGSS农村调查数据，分析在现行的税费制度和村干部的薪酬制度下，村干部的薪酬及其决定基本都与村干部的角色定位和行为选择显著相关。王娟（2009）基于第二次全国农业普查资料及课题组调研资料，就乡村发展中的村干部素质因素做出基本分析评价，探寻村干部素质与乡村治理二者之间的内在联系，认为村干部受教育程度、性别结构、年龄构成、补贴收入、身份特征是影响乡村发展的主要素质因素。单正丰（2005）主要从解决"三农"问题的角度对村干部素质进行了分析，认为促进农村经济持续发展需要提高村干部的体质、知识、技能和品德等方面的素质。

2. 国外研究现状

19 世纪末，基督教传教士明恩溥以其在中国生活 30 年所观察到的社会现实问题为脚本，撰写了《中国乡村生活》一书，书中对传统中国的所谓"乡村有头有脸的人物"进行了深刻描述，通过分析这部分实际掌握着村落管理权的少数群体的定位、地位及功能等基本要素，定义了最早的中国农村精英形象。美国社会学家杜赞奇基于社会学和历史学视角，对1900～1942年的中国华北农村进行了观察研究，创造了《文化权利与国家》一书，书中指出，中国华北农村精英的地位和作用在四十余年的变化发展中，最终实现了"保护型经纪"向"赢利型经纪"的转变。马德森在《一个中国村庄的道德与权力》一书中，主要详尽分析了新中国成立后的农村精英地位及其作用，他指出，以中国政府为代表的大众文化、主流文化逐渐消去了传统小型而独立的农村社区的痕迹，符合传统道德的农村精英的地位及作用也随之逐渐削弱，而另一种出现在新中国成立之后的，努力培养的符合新中国意识形态的新精英，其地位和作用则与前者有着本质上的区别。

最早提出精英流动理论的是撒列尼，他的研究是基于对匈牙利家庭农场的观察。在他的启发下，国外学者在考察中国农村时，提出了精英再生理论和精英循环理论来解释农村精英流动。

以维克托·倪（Victor Nee）为代表的精英循环理论派，以厦门郊区（集体经济不发达地区）的考察为基础，构建了市场转型理论，认为市场经济和再分配经济属于两种不同的经济形态，分别以人力资本和权力为主要的分配机制，社会主义国家实行市场经济会使"市场"再分配机制取代"政治"再分配机制。以政治干部为代表的旧精英存在的基础不断丧失，而由于市场经济的出现，在原来的非精英群体中却形成了一批新精英群体（如私营企业主）。这就形成了经济精英地位上升而政治精英地位下降，不断有新精英出现取代旧精英。

以简·奥伊（Jean oi）、林南（Lin Nan）为代表的精英再生理论认为精英主体在社会经济改革前后没有发生变化，精英继替是精英角色的变化，即精英的形成是一种类型的精英取代另一种类型的精英，即由政治精英转变为经济精英。

边燕杰和罗根采用对中国天津的调查资料证实了权力维续理论。他们认为中国改革是以共产党执政及单位制未发生动摇为前提的，社会资源主要是通过这两种制度进行再分配。因此，改革前的政治权力可以通过这两种制度得以持续存在。

3. 文献述评

综观近年来对农村精英的研究成果可以发现，精英的权力结构、精英的流动以及精英对农村社区的发展和影响是关注的重点。特别是村民自治制度实行以后，乡村精英在选举中所扮演的角色和发挥的作用越来越突出，集中研究精英对推动基层民主建设所产生的积极影响。总体上来说，对于乡村精英的研究主要观点有：（1）乡村精英对乡村社会的发展起着主导性作用；（2）不同身份的乡村精英在乡村社会的主要功能表现不同；（3）乡村特征决定乡村精英的具体功能表现。国内学者对乡村政治精英与乡村经济发展关系研究进行了大量论述，但都是从部分角度出发进行研究，还有进一步拓展的空间。国外学者所提出的精英再生理论和精英循环理论，这两个理论是截然相反的，但却存在着共同前提假设，在一定意义上，忽略了中国改革的复杂实情，建立的理论模型带有理想色彩，不太符合中国的实情。

（四）相关概念界定

1. 精英与村庄政治精英

"精英"一词源于法文"ELITE"，最早出现在17世纪的法国文献中，原意是指"特别优良的商品"或者"遴选出来的少数东西"，引申意指"精选出来的少数"、"优秀人物"、"杰出人物"、"精华"等。国内外学者对精英的概念以及理论做了许多研究。精英理论有早期和当代之分，最为著名的精英理论是意大利社会学家G. 莫斯卡和意大利社会学家V. 帕累托提出的经典精英理论，其代表作分别是《统治阶级》和《思想与社会》。帕累托认为，人类社会始终存在资源分配的不平等，在任何社会中，总存在着被统治的广大群众与占统治地位的少部分人之间的分离和某种意义上的对立，后者就称为精英。同时他认为精英是指最强有力、最生气勃勃和最精明能干的人。当代精英理论代表人物拉斯韦尔指出："精英是用于分类的、描述的概念，它指的是某一社会中占据高级职位的人。有多少种价值就有多少种精英。除了权力（政治精英）外，还有财富、名望和知识等方面的精英"。

随着西方精英理论的兴起，国内学者开始使用精英理论来研究中国的农村问题。国内学者从不同视角对农村精英的概念做了阐释，概括起来可以归纳为两类：一类是将农村精英看做是某种具有典范作用的人物，他们通常具有超群的本领或杰出的才能；另一类是将农村精英理解为农村组织的当权者，即领导者、决策者或对农村政治生活有重大影响力的人。

本文对村庄政治精英的定义是：在村庄政治经济发展中做出过贡献，在维持村庄生产生活秩序中，有较大号召力和影响力，在政治方面具有一定权威功能的关键人物。在本文中，主要指村干部，而村干部主要由以村支书为首的党委班子和以村长为首的群众组织组成，并且在调查中我们发现，大部分村都是村支书和村长职位一肩挑，因此，本书的村庄政治精英主要指在农村中具有较高声誉，对农村政治事务具有一定影响力的村党支部书记以及村委会主任。

2. 村庄发展

一个村庄的发展应该是在上级政府机构的指导和支持下，依靠村庄自身力量，逐渐改变村庄经济、政治、社会等环境，解决村庄内部问题，提高村民生活水平，促进村庄全面协调可持续的发展。本书将村庄发展定义为：居住、生活在同一个村庄内（行政村）的全体村民，在上级政府的支持指导下，由村中有能力、有公益心的领头人带领，发挥集体力量，为共同利益奋斗，实现村庄持续发展和不断进步的过程。

村庄发展把动员村民的直接参与和发挥村民的主动精神视为：既是解决一个村庄的发展问题，也是实现更高层次社会进步的必经之路。居住在相对固定地域、彼此间拥有建立在地缘关系基础上的比较深刻的连带性的人群中间，所蕴藏的共同行为的潜力，被看成是十分宝贵的组织资源和发展资源，村庄发展正是试图充分利用这种属于人类主体性的资源为村民谋取合意的利益。村庄发展既是策略，也是目的本身。因此，实现村庄发展的过程本身也即实现社会发展的过程。农村建设与发展的成败，取决于村庄建设的主体，而村里村民的思想和行为方式受当地农村精英的影响很大，农村精英对村民起着领导和示范的作用，从而我们有必要造就大量的农村精英，以带动农村的长足发展。

二、村庄政治精英对村庄经济发展影响分析

（一）来凤县基本情况

来凤县位于鄂西南边陲，地处武陵山区腹地，酉水上游，与湘、鄂、渝三省市交汇，是武陵山片区71个县（市、区）的地理中心，与湖南省龙山县共同组成武陵山区一个相对独立的发展区域。来凤县近几年经济发展非常迅速，拥有国家战略带来的政策机遇、产业转型带来的发展机遇、省级战略的促进机遇和交通枢纽的拉动机遇，然而由于来凤县基础条件落后、产业结构不优、发展机制不新、效能人才短缺等劣势，使来凤县始终无法摆脱贫困现状，按2736元的国定贫困标准，来凤县建档立卡贫困系统中有46个贫困村、2.1万户、7.9万人的贫困对象，贫困人口占全县农村人口的30%。贫困发生率高于全国21个百分点、全省20个百分点。根据我们实地调研的情况以及对收集的资料进行分析，我们认为来凤县的贫困原因可以归结为以下几点：

一是贫困原因交织，贫困面广量大程度深。来凤县贫困人口主要分布在高山和二高山地区，生存环境较差，自然灾害频繁，脱贫难度很大，还有3多万人没有实现安全饮水，1100户、近4000人贫困对象需要扶贫搬迁；生存环境致贫型、自然灾害致贫型、市场风险致贫型、因病因教致贫型等，相互交织，一些地方、一些对象很难走出"脱贫—返贫—再脱贫—又返贫"的怪圈。

二是基础设施薄弱，市场体系不完善。县内主干道网络尚未形成，通乡镇、通村和通农村居民点的公路不畅通，水利设施老化，电力设施落后，农村生态环保设施缺乏，农村居民休闲文化广场和村级居民公共服务中心不配套。区域内仓储、包装、运输等基础条件差，属零散型、个体型独自经营，物流成本高。金融、技术、信息和产权等市场为零，产品要素交换和对外开放程度低。

三是经济发展水平低，特色产业滞后。2014年，来凤县地区生产总值和地方财政收入只有52.82亿元和3.14亿元，明显低于全国平均水平，城市化率仅为35.84%，三次产业结构比21.5∶29.9∶48.6。缺乏具有明显区域特色的大企业、大基地，产业链条不完整，未形成具有核心市场竞争

力的产业或产业集群。

四是社会事业发展滞后，基本公共服务不足。城乡居民收入、公共服务等多方面差距仍很明显，共同富裕的基础缺失。教育、文化、卫生、体育等方面软硬件建设严重滞后，城乡居民就业不充分，人均教育、卫生、社保和就业支出仅相当于全国平均水平的45.6%。县扶贫开发系统建设滞后，扶贫力量十分薄弱，扶贫功能很不完善，县办人员编制较少，工作条件较差，人员配备不合理，特别是缺乏项目、财务管理专业人才，工作经费严重不足。乡镇人员流动频繁，人员配备少、结构不合理，与来凤县新时期完成精准扶贫、收入倍增工作任务要求极不适应，严重影响扶贫、倍增工作的全面开展和目标的实现。

五是生态环境脆弱，承载能力有限。县内旱涝灾害及泥石流、风灾、雨雪冰冻灾害易发，加之农田水利和生态建设体系不十分健全，抗御自然灾害能力差，因灾返贫情况突出。解决温饱标准低，遇天灾人祸，"饱而复饥，暖而复寒"的返贫现象普遍。部分地区水土流失、石漠化现象严重，土壤瘠薄，人均耕地面积只有1.4亩，发展与生态保护矛盾尖锐，产业结构调整受生态环境制约大。

（二）村庄政治精英对村庄发展影响定性分析

历史实践证明，不论在任何时代，精英都是社会发展的设计者、推动者和带头人、他们对历史的进步发挥了不可替代的作用。时代在召唤精英，各行各业迫切需要精英。无数的事实都说明了村庄政治精英在农村发展中起着重要的作用。村庄政治精英在新的时代要求下，逐渐顺应农村现代化、信息化、专业化、城镇化发展大局，管理理念和工作方式也发生了相应的转变，在提供公共服务，发展村庄经济，推动基层民主建设、维护社会稳定等方面做出了重大贡献。

1. 担当群众的引路者和服务者，做新农村建设的领头人

村庄政治精英在创新基层社会管理中担当着群众的服务者和引路者角色，努力把以群众为本、服务为先的理念贯穿到国家政策的方法创新、具体执行中。村庄政治精英在推动村庄经济发展过程中，围绕农村实际情况，顺应国家产业化、城镇化建设大局，科学制定村庄发展规划，因地制宜，发展适合本村的农业产业和工业项目，打造村庄特色产业和支柱产业，充分发挥农村建设领头人角色。围绕"生产发展、生活宽裕、村容整洁、乡风文明、管理民主"的方针，制定新目标，发展新产业，培育新农民，建设新村庄，树立新形象，努力推动农村经济的发展。随着新农合、新农保等利民政策的不断推进，农民需要村庄政治精英提供的服务越来越多，村庄政治精英的工作理念逐渐实现从管理村庄到服务村民转变，成为农村经济发展的领头人。

2. 担当农村基本公共服务的建设者，做新农村建设的管理者

随着基层管理的广泛开展，村庄政治精英既要对党和政府的方针政策加以贯彻执行，还要根据上级的指示精神，管理好农村的各项事务，提高村庄的公共产品服务能力，担当村庄基本公共服务的建设者。基层管理创新要求村庄政治精英切实提高履职能力，积极推进基本公共服务在农村的均等化，加强服务机构的设施和能力建设，在基层形成提供基本公共服务的平台和网络。村庄政治精英的职责，就是发挥他们的"能人"优势，办好集体事业和公益事业，不断探索改善农村水、电、路等关系农民切身利益的基础设施的新办法新举措，不断改善农民生产生活条件，根据群众实际需求，积极配合上级部门把邮政、电信、供水、供电等与群众生活息息相关的服务项目纳入村级便民服务中心，使之成为真正的基层"政务超市"，使村民不出村就能享受优质、便捷、高效的公共服务。同时，村庄政治精英还要将对农民的科技培训、医疗卫生等便民公共服务纳入提供范围，大力开展群众性文化活动，改善农村文化设施。另外，村庄政治精英在帮助、组织农民成立真正属于农民自己的各类社会组织上也发挥着重要作用。成立村民组织有利于村庄政治精英真正代表农民的利益，并通过组织的途径表达村民的利益要求，以社会组织为依托同政策制定者、服务提供者以平等的身份进行讨价还价，最终实现农村公共产品的有效供给向农民本位的回归。

3. 担当农村基层民主建设的推进者，做新农村建设的模范者

村庄政治精英在推进村务信息公开，增强村务、党务工作的透明度等方面发挥着重要作用。村庄政治精英在日常工作中需要充分利用村、组村务公开栏、农村集体资产管理交易平台、农村党风廉政信息公开平台、农村信息直通车以及电视、广播、报刊等形式，把农村"三资"管理、重大村务等信息充分公开，实现村务、财务的阳光运行。在涉及村级重大资金开支、集体资产的承包、租赁、出让和集体资源开发利用、集体土地征用征收、工程项目招投标等涉及村民利益的重要事项，村庄政治精英需做到公开透明，真正发挥村务监督委员会的作用。同时在农村具体事务上开展基层民主协商，注重保障村民在村级事务管理中的知情权、参与权和监督权。另外，村庄政治精英作为基层组织的主要责任人，还发挥着党员在基层社会管理和服务中的先锋模范作用，因此也是新农村建设的模范者。

4. 担当农村稳定的引领者，做乡村和谐稳定的维护者

村庄政治精英在维持农村和谐稳定秩序方面发挥着引领作用。村庄政治精英承担着积极为群众提供政策法律咨询，支持村民依法行使民主权利，引导村民理性合法地反映诉求的职责，积极调解农村各类纠纷，公平公正地处理村民矛盾和积极维护村民利益，努力营造良好的社会环境。村庄政治精英一般掌握着农村、农业和农民问题的最新动向，能够及时、准确、全面地向上级党政领导部门反映情况和问题，让上级部门了解各地农村的真实情况和广大农民的利益诉求，以便作出科学合理、切实有效的决策。另外，村庄政治精英在村集体经济收益分配、土地和山林湖塘承包、公共福利事业建设等涉及群众利益的村务管理事项方面，代表着农民的利益和要求，保证农村利益分配原则和制度的公平合理性。另一方面，村庄政治精英具有很强的政治性，在一定程度上充当了村庄"执法官"的角色。众所周知，一个地区政治环境的好坏与否直接影响投资者对该地区的投资欲望和人民的劳动热情，村庄政治精英的存在无疑能够尽快地解决村庄纠纷，维护村庄的稳定。这就给村庄的经济发展提供了良好的政治基础和友好的社会环境，为经济发展扫清了人为的障碍，使人民能够在无后顾之忧的前提下全身心地投入经济建设中。

5. 担当农村各方利益的协调者，做经济发展指路人

村庄政治精英在协调农村各方利益和发展经济上充当着协调者和指路人的重要角色。在经济生产过程中，常常会牵涉到方方面面的群体，各方利益体在面临"囚徒困境"的情况下往往会做出干扰经济活动的行为，阻碍经济的发展。村庄政治精英可以利用其特有的政治资源代表政府行使职能，在协调分工的过程中，在兼顾到各方面利益的前提下寻求各方利益的平衡点，充当中间人来促使该经济活动的顺利进行，促进经济的发展。再加上村民普遍文化素质不高、经济意识不强等原因，对乡村地质勘察、技术帮扶等具有较强的"公共性"的产品，不可能全部依靠个人来解决，村庄政治精英以集体的名义出面，运用村集体经费来提供"公共物品"，引进科学技术，聘请专家对村庄土壤基础、水质条件等进行化学分析，在科学的引导下有计划地因地制宜地发展特色农业、形成规模经营；并通过沟通汇报的方式引起上级政府部门的关注，争取政府专项资金照顾、技术帮扶及行政支持，能够为农民创造良好的外部条件。并发挥"指路人"的作用，引导农民来发展农业经济。当该地区的农业形成较大规模的特色农业时，村庄政治精英进一步通过公共平台宣传地区特色产品，扩大地区影响，帮助农民最大限度地赢得规模经济的好处。在市场经济条件下，村庄政治精英可以在整合各方信息的前提下弄清市场需求，对农业进行指导性的生产。

（三）村庄政治精英对村庄经济发展影响定量分析

1. 数据来源与变量选择

本研究数据来源于 2015 年 8 月对湖北省恩施土家族苗族自治州来凤县 8 个乡镇 200 个行政村进行的问卷调查。笔者及课题组相关研究人员通过访谈和发放调研问卷，收集 2015 年来凤县村庄政治精英特征与村经济发展相关数据。此次调研共发放调研问卷 200 份，最终回收有效问卷 188 份，有效问卷回收率 94%。本文解释变量有性别、年龄、职务、文化程度、党龄、宗族背景、家庭人口数、家庭劳动力数量、家庭年总收入、年工资收入、家庭收入来源、任职届数、个人当选原因和对村发展贡献大小等，解释变量及赋值情况见表 1。

表 1　　　　　　　　　本文解释变量及其赋值

变量	变量定义
X_1 性别	1 = 男，2 = 女
X_2 年龄	实际年龄（岁）
X_3 职务	1 = 村支书，2 = 村主任
X_4 文化程度	1 = 6 年以下，2 = 9 年，3 = 12 年，4 = 16 年及以上
X_5 党龄	1 = 10 年以下，2 = 10～20 年，3 = 20～30 年，4 = 30 年及以上
X_6 宗族背景	1 = 最大族，2 = 次大族，3 = 一般族，4 = 小族
X_7 家庭人口数	实际人口数（人）

续表

变量	变量定义
X_8 家庭劳动力数量	实际劳动力数量（人）
X_9 家庭年总收入	实际年总收入（元）
X_{10} 年工资收入	实际年工资收入（元）
X_{11} 家庭收入来源	1＝农业生产，2＝外出劳务，3＝经商，4＝乡镇企业工资，5＝工资补贴
X_{12} 任职届数	实际任职届数（届）
X_{13} 个人当选原因	1＝致富能人，2＝会管理，3＝有文化知识，4＝品行好威望高，5＝人缘好
X_{14} 对村发展贡献大小	1＝很大，2＝较大，3＝一般，4＝较小，5＝几乎没有

2. 来凤县村庄政治精英特征数据描述分析

本文采用 spss16.0 对调查样本数据进行描述分析，调查样本的基本特征表见表2。

表2　　　　　　　　　　　样本基本特征表

	N	Minimum	Maximum	Mean	Std. Deviation
X_1	188	1	2	1.10	0.302
X_2	188	28	67	49.87	8.361
X_3	188	1	2	1.12	0.322
X_4	188	1	4	2.66	0.687
X_5	188	1	4	2.10	1.011
X_6	188	1	4	2.82	0.953
X_7	188	2	10	5.10	1.485
X_8	188	1	6	2.91	1.178
X_9	188	10 000	500 000	5.44E4	53 734.474
X_{10}	188	1 500	25 000	6 845.26	3 209.011
X_{11}	188	1	5	2.03	1.236
X_{12}	188	1	30	3.93	3.891
X_{13}	188	1	5	2.81	1.349
X_{14}	188	1.0	4.0	1.878	0.8149
Valid N (listwise)	188				

（1）个人特征描述分析。性别分布情况见表3。

表3　　　　　　　　　　　性别分布情况

性别	频数	占比（%）
男	169	89.9
女	19	10.1
合计	188	100

年龄分布情况见表4。

表4　　　　　　　　　　　年龄分布情况

年龄	频数	占比（%）
20~40	26	13.8
41~50	65	34.6
51~60	79	42.0
61~70	18	9.6
合计	188	100

文化程度调查情况见表5。

表5　　　　　　　　　　　文化程度调查情况

教育水平	频数	占比（%）
小学	9	4.8
初中	60	31.9
高中	105	55.9
大专及以上	14	7.4
合计	188	100

党龄调查情况见表6。

表6　　　　　　　　　　　党龄调查情况

党龄	频数	占比（%）
10年以下	64	34
10~20年	64	34
20~30年	37	19.7
30年及以上	23	12.2
合计	188	100

从表 3、表 4、表 5 和表 6 可知，村庄政治精英以"男性、老年人群、低教育程度和老党员"为主。男性干部人数为 169 人，女性干部人数为 19 人，男性干部人数占全部样本总数的 89.9%。其次，村庄政治精英主力为老年人群，村干部"白发浪潮"已经到来。村庄政治精英年龄在 28 岁到 67 岁之间，其中 40 岁以下村干部人数比例之和为 13.8%，51~60 岁年龄段村干部人数占样本总体数量的 42%，其中 52 岁和 53 岁村干部占比最多，均达到 8%。村庄政治精英的受教育程度虽然较以前的文盲时代和半文盲时代有较大的提升，但是高知识水平的村庄政治精英还是非常少。目前村干部大多在 50 岁以上，出生于 20 世纪 50 年代和 60 年代初期，由于贫困地区教育资源缺乏及受"文化大革命"影响，大部分村庄政治精英仅受过初中教育。受教育年数达 9 年的人数为 55.9%，受教育 12 年以上的村庄政治精英人数较少，只有 14 人，占比 7.4%。村庄政治精英中"老党员"居多，其中党龄达到 10~20 年的有 64 人，占比 34%，20~30 年党龄的有 37 人，占比 19.7%，30 年以上党龄的有 23 人，占比 12.2%。

（2）家庭背景特征描述分析。宗族背景调查情况见表 7。

表 7　　　　　　　　　　宗族背景调查情况

背景大小	频数	占比（%）
最大族	32	17.0
次大族	19	10.1
一般族	98	52.1
小族	39	20.7
合计	188	100

家庭人口数调查情况见表 8。

表 8　　　　　　　　　　家庭人口数调查情况

人口数	频数	占比（%）
2	7	3.7
3	17	9.0
4	42	22.3
5	50	26.6
6	44	23.4
7	17	9.0

续表

人口数	频数	占比（%）
8	8	4.3
9	2	1.1
10	1	0.5
合计	188	100

家庭劳动力人口数调查情况见表9。

表9　　　　家庭劳动力人口数调查情况

人口数	频数	占比（%）
1	12	6.4
2	77	41.0
3	37	19.7
4	44	23.4
5	14	7.4
6	4	2.1
合计	188	100

家庭主要收入来源调查情况见表10。

表10　　　　家庭主要收入来源调查情况

人口数	频数	占比（%）
农业生产	89	47.3
外出劳务	38	20.2
经商	41	21.8
乡镇企业工作	3	1.6
工资补贴	16	8.5
合计	188	100

家庭总收入调查情况见图1。

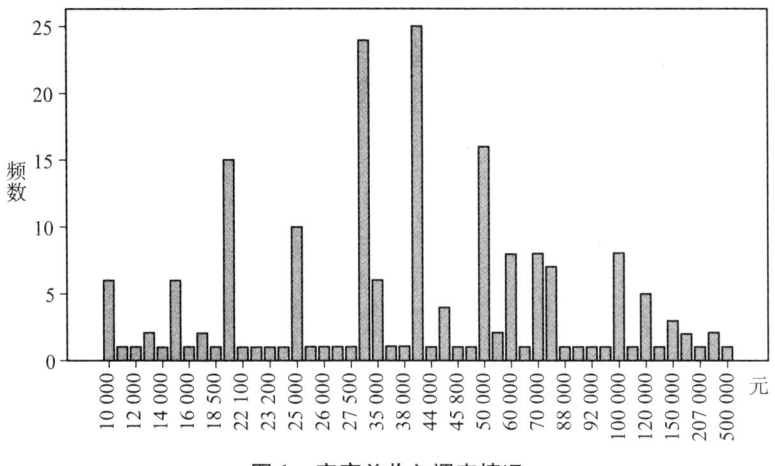

图 1 家庭总收入调查情况

工资总收入调查情况见图 2。

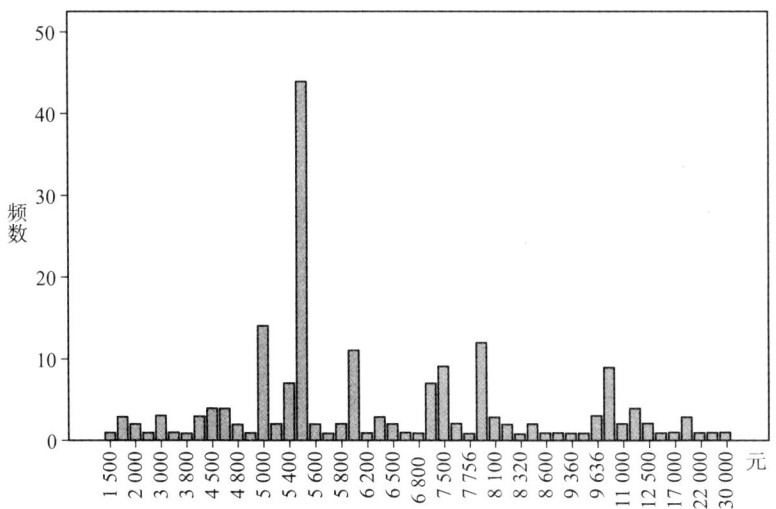

图 2 工资总收入调查情况

从表 7 可知,村庄政治精英宗族背景大多为一般族。宗族背景为最大族的有 32 个,占比 17%,次大族的有 19 个,占比 10.1%,一般族的有 98 个,占比 52.1%,小族的有 39 人,占比 20.7%。

从表 8、表 9、表 10 和图 1 可知,村庄政治精英多数为五口之家,夫妻为主要劳动力,家庭负担较重,家庭收入来源以农业生产为主,总收入较低。村庄政治精英的家庭一般是由夫妻以及老人和小孩构成,多数为五口之家,占比达到26.6%,其次为六口之家,占比23.4%。家庭劳动力数量占比重较大的是2人、3人和4人,分别是41.0%、19.7%和23.4%,说明村庄政治精英家庭一般还是夫妻为主要劳动力,父辈养老和小孩教育是村庄政治精英必然承受的压力。村庄政治精英以农业生产为家庭主要收入来源的有89人,占比为47.3%,以经商为主要收入来源的有41人,占比达到21.8%,以外出劳务为主要收入来源的有39人,占比达到20.7%,以在乡镇企业工作为家庭主要收入来源的有3人,占比1.6%,以工资补贴为主要收入来源的有16人,占比8.5%;调查看家庭年收入最少的为10 000元,最多的为500 000元,相差近50倍。家庭总收入中值为4万元,中值以下村庄政治精英数量累计占比45.7%。

从图2可知,村庄政治精英年工资收入偏低。年工资最少的为1 500元,最多的为30 000元。86.7%的村庄政治精英年工资收入不到1万元,仅有1.6%的村庄政治精英年工资达到两万元以上,分别为22 000元、25 000元和30 000元。

(3)综合素质特征描述分析。个人当选原因调查情况见图3。

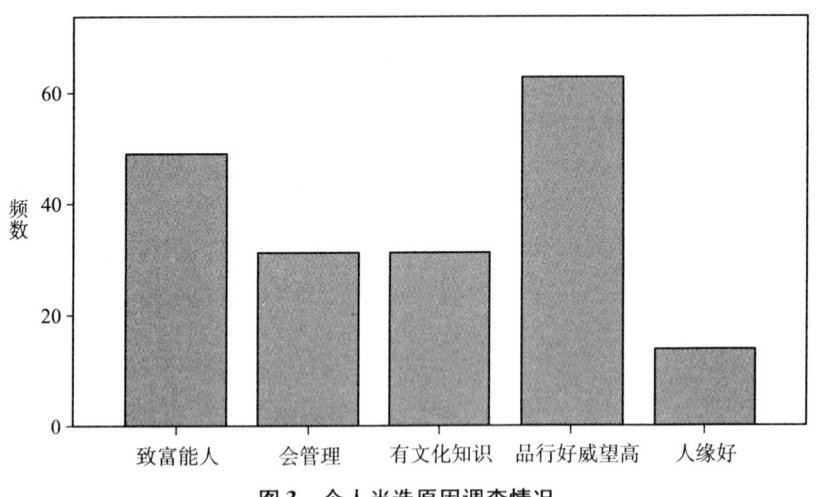

图3 个人当选原因调查情况

任职届数调查情况见图4。

村庄政治精英对村庄经济发展影响研究 | 99

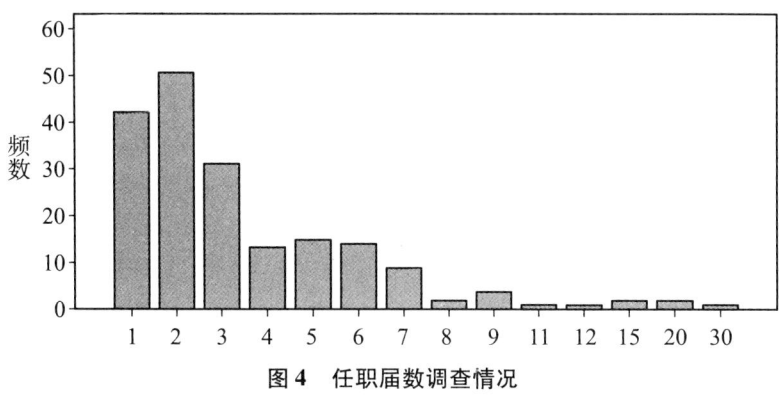

图4 任职届数调查情况

对村发展贡献调查情况见表11。

表11　　　　　　　　对村发展贡献调查情况

贡献大小	频数	占比（%）
很大	73	38.8
较大	67	35.6
一般	46	24.5
较小	2	1.1
合计	188	100

当村干部以前工作调查情况见表12。

表12　　　　　　　当村干部以前工作调查情况

当村干部以前工作调查情况	频数	占比（%）
有非农职业	16	8.6
村里的经济能人	55	29.7
村里的技术能人	50	27.0
村里的大姓家族	22	11.9
村里口碑较好的人	85	45.9
复员军人	37	20.0
普通群众	60	32.4
合计	325	175.7

从图3和表11可知，从村庄政治精英个人对自己当选的原因的选择

以及对村发展贡献来看，占较大比重的村庄政治精英认为自己因品行好威望高而当选，对村发展贡献很大。村庄政治精英认为自己是致富能人，能带动村民致富的有49人，占比26.1%，认为自己会管理的有30人，占比16.0%，认为自己当选是因为有文化知识的有30人，占比16.0%，认为自己因为品行好威望高，深得村民信赖的村庄政治精英有65人，占比34.6%，仅认为自己因人缘好而当选的有14人，占比7.4%。村庄政治精英有73人认为自己对村发展贡献很大，占比达到38.8%，认为对村发展贡献较大的有67人，占比35.6%，认为对村发展贡献一般的有46人，占比24.5%，仅两人认为自己对村发展贡献不大，占比1.1%。

从图4可知，村庄政治精英"任职两届"居多。村庄政治精英中只任职一次的有42人，占总数的22.3%，任职两届的有51人，占比27.1%，其中也有两人任职达到20年，一人任职达到30年。

从表12可知，村庄政治精英具有鲜明的个人特征。除了少数村庄政治精英是普通群众外，大部分村庄政治精英具有其鲜明的个人特征和优势。从能力看，有部分人在当村干部之前是村里的经济能人，占样本总数的16.9%；属于村技术能人的占样本总数的15.4%。从身份看，村庄政治精英中有11.4%的是复员军人，当过村办企业负责人约为10.3%，当过私营企业主约为13.8%，当过个体专业大户约占12.1%。

3. 模型建立与优化

对一个人来说，个体具有的特征指标既有明显的，也有隐含的，数量很多并且难以度量。但是本文需要把村庄政治精英的个体特征进行量化，在参照赵波（2013）、麦克莱兰（McClelland，1973）、王娟（2009）、王永照（2010）、王征兵（2006）等人研究成果以及《国家公务员通用能力标准框架》试行后，从影响村庄经济发展的角度出发并结合实地调研情况，笔者认为来凤县村庄经济发展状况受到村庄政治精英以下个体特征影响：个人基本特征（pe）（包括性别X_1、年龄X_2、职务X_3、文化程度X_4、党龄X_5）、家庭背景特征（fa）（宗族背景X_6、家庭人口数X_7、家庭劳动力数X_8、家庭年总收入X_9、年工资收入X_{10}、家庭主要收入来源X_{11}）、综合素质特征（co）（包括任职届数X_{12}、个人当选原因X_{13}、对村发展贡献大小X_{14}）三种个体特征。衡量农村经济发展水平，有很多指标可以选择，譬如村庄年收入、村庄人均年收入、城镇化率、农业劳动生产率等等。就农村经济发展水平的测度而言，不同的指标承载着不同的信息量,根据研究需要,本文选取村庄人均年纯收入这项指标,用以反映农村经济的发展水平。由于本研究中的变量是离散的二值变量,以村庄人均年收入是否达到 4 000 元为界限,达到 4 000 元,因变量取值为 1,未达到 4 000 元,因变量取值为 0,。因此,本文采用 Probit 回归模型,其适用于此类问题的研究,并且以往研究也证明 probit 模型的适用性。

其模型构建如下:

$$y = f(pe, fa, co) + v \quad (1)$$

式(1)中,v 为随机扰动项,y 为村庄经济发展状况,设为村庄人均年收入情况,人均年收入低于 4 000 元(E)的村庄取值为 0,人均年收入高于 4 000 元(E)的村庄取值为 1。

本研究实质是个二元选择问题,因此我们采用二元选择中的 probit 模型进行估计,分析什么样的村庄政治精英能带动村庄经济的发展。Probit 模型具体表达式为:

$$Y^* = \alpha + \beta X + u \quad (2)$$

$$Y = \begin{cases} 0, \text{当 } Y^* < 0 \text{ 时,村庄人均年收入小于 4 000 元} \\ 1, \text{当 } Y^* > 0 \text{ 时,村庄人均年收入大于 4 000 元} \end{cases} \quad (3)$$

式(2)中,u 为随机扰动项,服从标准正态分布,从而村庄政治精英与村庄经济发展关系的二元模型可以表示为:

$$prob(Y = 1 | X = x) = prob(Y^* > 0 | x) = prob\{[u > (\alpha + \beta x)] | x\}$$
$$= 1 - \phi[-(\alpha + \beta x)] = \phi[\alpha + \beta x] \quad (4)$$

式(4)中的是标准正太累计分布函数,Y^* 是不可观测的 φ 潜在变量,Y 则是实际观测到的因变量,表示村庄人均年收入大小,0 表示人均年收入小于 4 000 元,1 表示人均年收入大于 4 000 元。X 为村庄政治精英个体特征变量,x 为实际观测变量,包括村庄政治精英的性别、年龄、职务、文化程度、党龄、宗教背景、家庭人口数、家庭劳动力数、家庭年总收入、年工资收入、任职届数、个人认知等。因此,村庄政治精英与村庄经济发展关系的二元模型可以建立为:

$$prob(Y = 1 | X_i) = \phi(\alpha_0 + \beta_1 X_1 + \beta_2 X_2 + \beta_3 X_3 + \cdots + \beta_n X_n + \varepsilon_n) \quad (5)$$

式(5)中,$prob(Y = 1 | X_i)$ 是村庄政治精英个体特征对村庄经济影响(即 Y = 1)的概率,X_i 表示自变量向量,即村庄政治精英个体特征,α_0 为常数项,β_n 为待估参数。Probit 模型是通过极大似然法来估计模型参数的。

本文应用 Eviews 6.0 软件进行模型运算,采用极大似然估计法对模型进行估计，利用 H－L（Hosmer－Lemeshow）检验和 Andrews 检验测评模型的拟合结果。在处理过程中，采用后向筛选法，即首先将全部变量引入回归方程，然后进行变量的显著性检验，在一个或多个不显著的变量中，将 z 检验值最小的那个变量剔除，再重新拟合回归方程，直到方程中所有变量显著为止。在首次回归结果中常数项不显著，将其去掉，估计结果如表 13 所示。模型一为首次估计结果，模型二是剔除与被解释变量之间相关性很小的解释变量后再次估计的结果，详见表 13。

表 13　　　　　　　　　　　　模型估计结果

变量	模型一 系数	模型一 Z 值	模型二 系数	模型二 Z 值
X_1	－9.94861 **	－2.41308	－6.00225 **	－2.24323
X_2	6.55922	1.76346	—	—
X_3	－1.98580	－1.17591	—	—
X_4	12.10592 **	2.28637	9.97402 **	2.21373
X_5	0.02472 **	2.05618	0.02556 **	2.16650
X_6	2.29480	1.65794	—	—
X_7	－0.39680	－0.76584	—	—
X_8	1.08933	1.54992	0.99183 *	1.63675
X_9	0.00006 **	2.30211	0.00005 *	2.41228
X_{10}	－0.00009	－0.83223	—	—
X_{11}	－1.05627 *	－1.62578	－0.61471 **	－1.51936
X_{12}	－0.47113 *	－1.69823	－0.17007 *	－1.29830
X_{13}	3.93237 **	2.13949	2.29457 **	2.13641
X_{14}	－1.93373	－1.49512	—	—
拟合优度检验	H－L Statistic	1.107	Prob. Chi－Sq（8）	0.9975
	Andrews Statistic	17.1737	Prob. Chi－Sq（10）	0.0706

注：① *、** 和 *** 分别为在 10%、5% 和 1% 的水平下具有显著性。
②Eviews 软件为用户提供了二元选择模型的 H－L（Hosmer－Lemeshow）检验和 Andrews 检验。检验通过分组对拟合值和实际值进行比较，如果两者间的差距大，就可以判断模型拟合效果不好，如果两者间的差别小，则模型拟合效果较好。检验的原假设为模型的拟合效果非常好，拟合完全充分。一般 H－L 统计量值越大，则该组的实际值和预测值的差别越大。表 13 中给出 H－L 检验和 Andrews 检验的 χ^2 统计量。由相伴的 P 值可以看出，在 1% 的显著性水平下，不能拒绝原假设，因而认为模型的拟合优度很高，拟合效果很好。

4. 模型结果分析

由表13可知，统计上影响显著的变量有：村庄政治精英性别、文化程度、党龄、家庭劳动力人口数、家庭年总收入、家庭主要收入来源、任职届数、个人当选原因，其余变量影响不显著。带负号的系数表示各个变量值的增加降低了村庄人均年收入为"1"的概率，提高了村庄人均年收入为"0"的概率，即反向影响村庄人均年收入的多少。从表13得出村庄政治精英个体特征对村庄经济发展的影响程度：

第一，个人特征对村庄人均年收入的影响。村庄政治精英性别对村庄人均年收入有明显的负向影响，即村庄政治精英是男性的村其人均年收入更高，原因可能是多方面的，譬如在处理农耕和水利、接待各级领导以及在兴办村办企业上，男性村庄政治精英较女性更有优势。女性村干部在工作中要面临来自家庭、村民的巨大压力，因为相当数量的人们认为女性应以家庭为主，农村妇女从政不应提倡，人们对农村妇女从政的偏见和阻力，加大了女性村干部的工作压力，不利于女性干部威信的建立和工作的顺利开展。村庄政治精英文化程度对村庄人均年收入有明显的正向影响，原因是村庄政治精英的文化素质越高，其获取党的政策理论知识、市场经济知识、法律法规等知识并提升其人力资本的能力就越强。村庄政治精英党龄对村庄人均年收入有明显的正向影响，原因是村庄政治精英中的老党员有更高的政治素养，对国家政治认同感高，有较高的理想信念，对自身工作和作风方面要求也更加严格。

第二，家庭背景特征对人均年收入的影响。村庄政治精英家庭劳动力人口数对村庄人均年收入有正向影响，原因可能是村庄政治精英家庭劳动力人口越多，家庭收入相应越多，村庄政治精英家庭经济压力越小，在生活相对宽裕的条件下，就有时间和精力发展村庄经济。村庄政治精英家庭年总收入正向影响村庄人均年收入，这也是与家庭劳动力人口数影响相对应的，村庄政治精英家庭年总收入越高，村庄政治精英越有能力发展村庄经济。村庄政治精英家庭主要收入来源对村庄人均年收入有明显的负向影响，也就是说，村庄政治精英家庭收入越只来源于工资和补贴，村庄经济越落后，村庄政治精英不寻求家庭收入的多元化，说明村庄政治精英发展思路比较保守，缺乏创新精神，不能根据客观实际情况的变化，突破个人的局限和思维定式，缺乏自力更生改变落后现状的魄力和勇气。

第三，综合素质特征对人均年收入的影响。村庄政治精英任职届数对村庄人均年收入有明显的负向影响，也就是说，村庄政治精英任职届数越长，村庄人均年收入越少，原因是任职届数过长一方面导致村庄政治精英墨守成规，注重经验而缺乏学习，并且会结成集权派，另一方面也会压制年轻干部的储备和培养，造成干部队伍断层，青黄不接。村庄政治精英个人当选原因对村庄人均年收入有明显的正向影响，因为人缘好，品行威望高而当选的村干部的村人均年收入更高，原因可能是村庄政治精英人品好，会处理与村民、与村党支部书记、与乡镇领导的关系，在村庄事务治理和发展村庄经济上更游刃有余。

三、来凤县村庄政治精英在强村富民中存在的突出问题

村庄政治精英作为新农村建设中一支不可小觑的队伍力量，在农村经济发展中具有不可替代的地位。将模型分析结果与实地调研情况相结合，我们发现村庄经济发展受到村庄政治精英个人的制约，主要表现在以下几个方面：

（一）文化程度不高，制约强村富民能力

文化程度，是指人们接受教育和掌握各方面科学文化知识的情况，通常用学历来衡量。一般来讲，一个人的能力水平与其文化程度呈明显的正相关关系。来凤县人均年收入4 000元以下的村庄政治精英受教育年限多在9年左右，人均年收入4 000元以上的村庄政治精英受教育年限多在12年左右，可见村庄政治精英强村富民能力与其受教育程度有着紧密联系。与东部发达地区农村干部大部分受教育年限12年以上相比，来凤县村庄政治精英文化程度整体相对偏低。学习能力不足，导致有些村庄政治精英在项目获取和带动经济发展上心有余而力不足，同时受农村传统、地域环境的影响，小农意识较浓，缺乏带领群众致富的本领，难以满足发展集体经济和带领村民致富的需要。虽然目前来凤县村庄政治精英的文化程度与以前相比有了较大的提高，但是面对纷繁复杂的农村工作，仍显得比较缺乏。特别是随着农业农村现代化和城乡一体化建设步伐的加快，农村经济结构的进一步调整，对村庄政治精英提出了新的要求，而部分村庄政治精英由于缺乏市场经济政策、法律法规、经济管理和科学技术等方面的知识，在一定程度上制约了农村经济的发展和一些民间纠纷事件的处理。同时，低学历也会让村庄政治精英发展经济时信心不足，缩手缩脚，对经济

形势分析不够准确，错失发展良机。所以，不断提高村庄政治精英的政策理论水平，改善知识结构，提高解决实际问题的能力，使村庄政治精英明政策、会管理、懂技术、灵信息，是适应当前农村工作的迫切需要。

（二）家庭总收入偏低，自身致富能力不强

来凤县人均年收入低于4 000元的村中51.7%的村庄政治精英家庭总收入低于22 100元。人均年收入高于4 000元的村中50%的村庄政治精英家庭总收入低于40 000元。村庄政治精英常常是广大普通农民学习并实践新知识的"标杆"，村庄政治精英自身家庭困难，致富能力不强，则难以发挥示范带头作用。家庭经济收入偏低的村庄政治精英一般自身思想较为保守，缺乏创新精神，不能根据客观实际情况的变化，突破个人的局限和思维定式，分析形势没有新观点，研究情况没有新见解，发展经济没有新思路，解决问题没有新办法，工作被动，精神状态不佳，"等、靠、要"等思想严重，缺乏自力更生改变落后现状的魄力和勇气。同时，低收入伴随着工作任务重、压力大，村庄政治精英工作热情度自然不高，甚至部分村庄政治精英有离职的打算，心思不在工作上，自然不会花大力气考虑发展村庄经济，带动村民致富。

（三）发展紧迫感不强，带领村民致富能力差

部分村庄政治精英知识更新不及时，思想还停留在老路子上，习惯当"传声筒"，开拓进取心不强，特别是村级经济基础较弱的村庄政治精英"等、靠、要"等消极情绪严重，自我发展意识差，缺乏机遇意识，对发展村集体经济畏难情绪大，信心不足；加之村干部侵占集体资产案件时有发生，使得一些干部群众认为没有发展的必要，只会成为村干部变相捞好处的契机，这种错误、模糊的认识成为薄弱村集体经济发展的"软阻力"。部分村庄政治精英家庭总收入多达20万元，但村人均年收入仅4 000多元，村庄政治精英抓班子、带队伍、驾驭农村工作的能力不强，不能很好地组织和领导农民发展经济。还有部分村庄政治精英年龄偏大、文化偏低，对发展村集体经济思路窄、办法少，他们过去主要工作一直是催收催种，收粮收税，现在主要是抓计划生育和管理村级事务，由于缺乏市场意识，经营管理知识匮乏，也没有经过相关的专业培训，因此在发展村集体经济、带动村民脱贫致富方面"不会干"的问题突出。

（四）人才流失严重，农村工作缺乏活力

由于从事非农产业的机会成本较低，大批懂知识和技术的农村精英涌向了城市，留下来的大多是缺乏一技之长的农户，致使村庄政治精英人选越来越少，很多情况下只能"矮子里面拔将军"。经过实地调查我们发现，来凤县是一个劳动力输出的大县，打工成为来凤县村民家庭增收的主要来源，部分村庄一大半户主都在外出打工，一个家庭平均有两个人外出务工，留在家里的大多是劳动能力较弱或没有劳动能力的老人、妇女和小孩。来凤县大多村庄政治精英年龄在 50~60 岁之间，有些村支书连任长达 20 年，村庄政治精英老龄化、断层化现象比较普遍，正所谓"黑头发进了城，白头发在守门"。村庄政治精英白发浪潮到来，部分老龄化严重的村村庄政治精英工作效率低下，基本不再接触新知识，对市场知识、农业科技知识更是缺乏学习和研究，不再适应新农村建设的需要，更不可能具备带领村民脱贫致富的本领。

（五）部分村庄政治精英缺乏一技之长

目前，在来凤县农村中，能够带头创业致富、带领群众致富的能人型、创业型带头人相对缺乏，具有一技之长的村庄政治精英约占 38.3%，大多数缺乏致富本领，尤其是缺乏商业、特色产业和农业科技等领域的知识和技能。没有一技之长，村庄政治精英干起工作来就近乎赤手空拳，热情再高，也心有余而力不足，到头来"为人民服务"也只能是一句空话。如果不懂装懂，不会装会，无知加无惧，发"高烧"，瞎指挥，到头来只会给群众带来损失。同时，缺乏一技之长，村庄政治精英自己都无法走出家庭经济增收的困境，更谈不上带领村民发展经济、脱贫致富了。

四、提高来凤县村庄政治精英强村富民能力的对策建议

如何抓住政策机遇，开发特色资源，加快"脱贫奔小康"步伐是当前来凤县面临的主要任务。要顺利完成这一任务，不仅需要外界的资金支持和智力扶持，还需要自身具备发展的主动性。"农民富不富，关键是干部"，"弯道超车"需要"好司机"，村庄政治精英是带领农民致富的"领头雁"，培养一批具备强村富民能力的村庄政治精英，是提高来凤县自身

发展主动性的关键。我们主要针对以下几个方面提出建议：

（一）精准培训，提高村庄政治精英强村富民的能力

第一，实施创业带富培训，组织创业指导专家团，帮助村庄政治精英分析市场和产业发展情况，筛选、确定可行性较强的创业项目，为创业干部提供全额贴息小额担保贷款，并成立专业服务团，适时提供现代农业、农产品生产销售和市场价格信息，有针对性地开展农业实用技术培训和服务。第二，进行特色产业分类培训，对来凤县已经形成的特色产业进行分类，例如来凤县特有的藤茶产业、凤头姜产业、道地药材产业等等，建立相应的产业培训示范基地，通过举办特色产业专家讲座、科技专家现场辅导、组织观摩学习、开展远程教育等形式在村庄政治精英和种养殖大户中实施产业分类培训，并在每个村配一个创业指导，为村庄政治精英提供商业、特色产业和农业科技等方面的指导。

（二）搭配助手，弥补村庄政治精英强村富民的短板

针对来凤县村庄政治精英缺乏一技之长的难题，比较快速有效解决的方法就是为村庄政治精英搭配强村富民助手。将年纪较轻、政治思想觉悟较高、有一定上进心和开拓精神的农村致富能手、经营能手、打工回乡人员等农村实用人才登记备用，根据村庄实际发展需要分配给村庄政治精英，协助村庄政治精英申请项目、发展特色产业、带动村民致富，同时建立专项帮扶经费，为强村富民助手提供保障和奖励。

（三）智力扶持，活化村庄政治精英强村富民的思路

由于来凤县位于武陵山区的东缘，这一地区基本上是文化与地理的共同体，产业雷同现象普遍。建议组织农业科技专业人才，根据来凤县土壤气候条件、村民种植习惯及交通区位状况，将其划分为不同的片区，为每个片区制定科学的产业发展规划，实施片区开发。坚持"整村推进、连片开发"的原则，坚持一个标准划定片区，一个规划统领全局，一个平台整合资源，一套机制强化管理，构建以"片区为平台，采取综合措施，实施精准扶贫、促进收入倍增"的思路和模式，以优质粮食产业、特色种植业、现代养殖业、传统手工业、休闲观光农业、农村服务业、农产品加工业为发展重点，集中利用生产要素，连片推进专业生产，重点规划一批主导产品突出、经营规模适度、经济效益显著的特色优势产业。并为每个村

配备专业工作人员负责跟踪指导和服务，将有限的科技人才集中在主导产业，增强主导农产品的科技含量。明确发展壁垒，寻求智力扶持，活化村庄政治精英强村富民思路。另外，与有合作意向的高校合作，譬如与恩施州一直有密切合作的中南民族大学，鼓励想提高个人理论和实践知识的村庄政治精英和其他村干部到高校就读本科和研究生，开设专门的干部班，请有多年基层经验的教授和农业、经济学、文化、旅游等专业的相关专家给他们讲课和交流，提高村庄政治精英的理论视野，在不同干部交流中，互相学习有益经验。班级可以开设在恩施州职业技术学院，每周六周日上课，方便来凤县干部的时间安排，干部合格毕业后发国家认证的学位证和学历证。同时，高校与来凤县扶贫办对想提升学历的村庄政治精英和村干部给予一定程度的学费补贴，最大限度地鼓励村干部的自我提升行为。

（四）村企联动，拓宽村庄政治精英强村富民出路

根据来凤县村庄地域、优势资源等条件，采取农业企业与贫困村结对的形式，将一个农业企业结对给一个贫困村。企业老总担任结对村名誉主任，村党支部书记到企业担任党建联络员，提高企业老总和书记共同发展积极性。企业根据用工需要，可以通过定向培养的方式吸收村民就近就业，提高农民工资性收入，吸引外出农民工返乡就业。同时企业精英结合村庄实际，积极献策，利用自己的优势帮村民分析形式和找项目，将村企结成紧密的经济共同体，实现共同富裕的目标。同时，推进来凤县农村综合产权交易平台建设。支持来凤县符合条件的企业上市融资。同意并支持来凤县中小企业联合发债。同意来凤县符合条件的企业发行短期融资券、企业债券、公司债券。协调人民银行武汉分行将来凤县法人金融机构将新增可贷资金70%以上留在当地使用，并落实涉农贷款税收优惠、定向费用补贴、增量奖励等政策。加快改革农村产权制度，协调人民银行武汉分行探索农民"三权"融资。

（五）提高待遇，激发村庄政治精英强村富民干劲

村庄政治精英是与农民群众接触最多的群体，他们也是最了解百姓疾苦的群众干部，他们了解群众需要什么、担心什么。他们的工作态度决定着百姓的福祉，而要让村庄政治精英充满激情、发挥作用，进一步提高他们的待遇是关键所在。俗话说"要想马儿跑得快，就得让马儿吃得饱"。

待遇的提高应该包括两个方面，除了政府的必要基本补贴外，还应该对发展村集体经济有突出贡献的村庄政治精英从村集体经济年增加总额中，按适当的比例提取奖金，将工资与工作绩效挂钩。在福利保障方面，要通过建立工资正常增长、养老保险、医疗保险"三位一体"的激励保障机制，让村干部吃下"定心丸"。村干部养老保险制度，可按照"三补一交"（即县、乡、村分别补助一部分，村干部个人交一部分）的办法缴纳保险费，乡镇政府统一投保、管理，村干部年满60周岁后每月凭卡领取养老金。积极推行农村合作医疗制度，逐步解决农村就医难问题。

五、研究的不足之处

限于自身理论高度，本书仅是初步了解和分析了村庄政治精英与村庄经济发展的情况，对于很多问题缺乏深入探讨和足够关注，比如乡村政治精英的负面影响等方面，因而具有一定的片面性，这只有通过日后进一步细致深入调查基础上才能不断加以完善和改进。而且，由于个案本身具有局限性，本研究仍然只能是管中窥豹。诚如费孝通所说，我们可以通过发现中国各地不同类型的农村，用比较的方法逐步从局部走向整体，逐步接近中国社会的全貌。

参 考 文 献

[1] David C. McClelland. Testing for competency rather than for intelligence [J]. American Psychologist, 1973 (28).

[2] 郝海亭, 郇昌店与徐晓敏, 乡村精英与农村体育的发展 [J]. 体育文化导刊, 2014 (1).

[3] 韩福国, 宋道雷. "穷根"与"翻身"：第二次乡村变革后的精英再生产机制研究 [J]. 浙江大学学报（人文社会科学版），2014 (3).

[4] 顾金喜. 乡村精英治理研究综述 [J]. 中共杭州市委党校学报, 2013 (2).

[5] 张英魁. 农村精英人才流失与新农村人力资源再造的路径选择 [J]. 华南农业大学学报（社会科学版），2008 (2).

[6] 王中标. "乡村精英"发挥作用的制约因素及对策 [J]. 特区经济, 2007 (10).

[7] 吕世辰，胡宇霞．农村精英及其社会影响初探［J］．山西师大学报（社会科学版），2003（1）．

[8] 仝志辉．农民选举参与中的精英动员［J］．社会学研究，2002（1）．

[9] 金太军．村级治理中的精英分析［J］．齐鲁学刊，2002（5）．

[10] 项辉，周威锋．农村经济精英村民自治［J］．社会，2001（12）．

[11] 胡军，岳奎．村庄新型精英内涵与形成路径［J］．重庆社会科学，2015（2）．

[12] 卢飞，乡村精英对经济发展的作用［J］．决策与信息（财经观察），2008（5）．

[13] 李军，新农村建设中的乡村精英与社会资本建构［J］．山东农业大学学报（社会科学版），2006（4）．

[14] 旷宗仁，杨萍．乡村精英与农村发展［J］．中国农业大学学报（社会科学版），2004（1）．

[15] 陈光金．20世纪末农村社区精英的"资本"积累策略．江苏行政学院学报，2004（6）．

[16] 任敏．流出精英与农村发展［J］．青年研究，2003（4）．

[17] 郎友兴．民主政治的塑造：政治精英与中国乡村民主［J］．浙江学刊，2002（2）．

[18] 张润君，刘红旭．村庄精英在社区公共事务中的角色扮演——以甘肃定西市Z村婚嫁丧葬仪式为例［J］．华南农业大学学报（社会科学版），2008（1）．

[19] 陈冰，吴国清．农村非治理精英与农村社区发展［J］．南方论刊，2007（2）．

[20] 苏杨珍，翟桂萍．村民自发合作：农村公共物品提供的第三条途径［J］．农村经济，2007（6）．

[21] 周秀平，刘林，孙庆忠．精英"化缘型"供给——村级公共产品与公共服务的典型案例分析．调研世界，2006（5）．

[22] 刘俊浩，农村社区农田水利建设组织动员机制：变迁、绩效及政策涵义［J］．农村经济，2006（6）．

[23] 吕世辰，胡宇霞，农村精英及其社会影响初探［J］．山西师大学报（社会科学版），2003（1）．

[24] 于潇．村委会行为、村干部特征与农民收入——基于CFPS

2010数据的实证分析[J].农业技术经济,2014(7).

[25] 赵波,张惠琴等.村干部素质特征与农村经济发展的关系研究[J].农村经济,2013(11).

[26] 高梦滔,毕岚岚.村干部知识化与年轻化对农户收入的影响:基于微观面板数据的实证分析[J].管理世界,2013(7).

[27] 裴志军,村干部的薪酬与其角色定位和行为选择——基于CGSS农村调查数据的实证研究.农业技术经济[J].2011(4).

[28] 郭艳军,刘彦随,农村内生式发展机理与实证分析——以北京市顺义区北郎中村为例[J].经济地理,2012(9).

[29] 肖唐镖.什么人在当村干部[J].管理世界,2006(9).

[30] 朱红根.个体特征、制度环境与返乡创业农民工政治联系:一项实证研究[J].财贸研究,2013(1).

[31] 徐勇,邓大才,任路.中国农民状况发展报告[M].北京大学出版社,2014.

[32] 邓大才.中国农村调查札记[M].中国社会科学出版社,2014.

[33] 徐勇.中国农民的政治认知与参与[M].中国社会科学出版社,2012.

[34] 徐勇.中国农村咨政报告[M].中国社会科学出版社,2011.

[35] 徐勇.中国农村与农民问题前沿研究[M].经济科学出版社,2009.

[36] 徐勇.村民自治进程中的乡村关系[M].华中师范大学出版社,2003.

[37] 徐勇.流动中的乡村治理:对农民流动的政治社会学分析[M].中国社会科学出版社,2003.

[38] 张厚安.中国农村村级治理:22个村的调查分析比较[M].华中师范大学出版社,2000.

[39] 徐勇.中国农村研究[M].中国社会科学出版社,2009.

[40] 农业部农村经济研究中心.中国农村研究报告[M].中国财政经济出版社,2010.

[41] 费孝通.学术自述与反思.费孝通学术文集[M].生活·读书·新知三联书店,1996.

附录一 调查问卷
村庄政治精英调查问卷

1. 村干部基本信息

姓名		性别		年龄			文化程度		入党时间	
职务		任职届数		是否一肩挑	①是	②否	社会兼职			
		村庄人均年收入								

2.

项目	单位	数据
（一）村干部个人及家庭情况		
1. 您是否为本村人		①是　　　　　　②否
若是，您的宗族、房股背景是		①最大族　　　　②次大族 ③一般族　　　　④小族 ⑤最大房　　　　⑥次大房 ⑦一般房　　　　⑧小房
2. 在当村干部以前您是（可多选）		①有非农职业：　　②村里的经济能人 ③村里的技术能人　④村里的大姓家族 ⑤在村里具有较好的口碑的人 ⑥复员军人　　　　⑦普通群众
3. 您的经济活动情况（可多选）		①当过村办企业负责人或管理者 ②现为村办企业负责人或管理者 ③当过私营企业主 ④现为私营企业主 ⑤当过个体专业大户 ⑥现为个体专业大户 ⑦其他投资（注明：　　　　） ⑧无
4. 您家共有人数	人	
其中：60岁以上的老人	人	
在读学生	人	
劳动力数量	人	

续表

项目	单位	数据
5. 您家主要的收入来源是		①农业生产　②外出劳务 ③经商　　　④乡镇企业工作 ⑤工资补贴　⑥其他（注明：　　　）
6. 家庭收支情况		
2014年您家总收入总额	元	
其中村干部工作所得工资	元	
主要收入来源所得	元	
2014年消费支出金额合计	元	
其中：生活支出	元	
人情往来支出		
教育费用支出	元	
医疗费用支出	元	
投资性支出	元	
其他主要支出		①种类：　　　②金额：
7. 您对当前的村干部工资情况是否满意		①是　　　　②否
8. 您是否想继续做村干部		①是　　　　②否
9. 您所担任的职务，每周大约花多少时间完成工作？	天	
（二）村干部职能状况及乡村治理情况		
1. 您对目前农村基层工作的评价是		①很难　　　②较难 ③一般　　　④容易
2. 您认为目前村干部工作最大的困难是什么？		①缺乏财政支持　②缺乏技术支持 ③缺乏管理人才　④缺乏开发项目 ⑤缺乏群众支持　⑥其他（注明：　　　　　）
3. 您认为本村村干部的工作重心最应该在哪几方面？（可多选）		①发展经济增收致富 ②基础设施建设 ③发展村医疗卫生状况及福利工作 ④维护村民利益，向上级反映村民意见和建议 ⑤支持、维护、发展基础教育 ⑥宣传科技知识、科教兴农，宣传宪法、法律、法规和国家的政策 ⑦协调村与村之间的关系 ⑧管理本村宅基地使用及属于村民集体所有的土地和其他财产 ⑨其他（注明：　　　　　　　）

续表

项目	单位	数据
4. 村里重要事项决定谁起主导作用		①村书记　　　　　②村主任 ③党支部　　　　　④村委会 ⑤村民大会　　　　⑥村民组织 ⑦其他（注明：　　　　）
5. 您认为村里怎样的人最受尊敬？		①经商有钱的人　　②人多势多的人 ③有知识技术的人　④有威望的人 ⑤在外有靠山的人　⑥村干部 ⑦其他（注明：　　　　）
6. 您认为需要怎样的人当选村干部？（多选）		①致富能手　　　　②管理人才 ③有知识技术的人　④德高望重的人 ⑤善于交际的人　　⑥其他（注明：　）
7. 你村在选举中是否以乡规民约形式规定了候选人条件		①是　　　　　　　②否
8. 您个人当选的主要因素		①致富能人　　　　②会管理 ③有文化知识　　　④品行好威望高 ⑤人缘好　　　　　⑥其他（注明：　）
9. 您认为乡村治理应该主要依靠		①村干部　　　　　②基层政府 ③有钱人　　　　　④有威望的人 ⑤农民组织　　　　⑥其他（注明：　）
10. 您认为村民对村组织的信任度如何？		①完全不信任　　　②相当不信任 ③一般　　　　　　④相当信任 ⑤完全不信任　　　⑥不清楚
11. 您认为村民对村干部的工作制约程度如何？		①很大　　　　　　②较大 ③一般　　　　　　④较小 ⑤几乎没有
12. 您认为村干部对村的发展贡献如何？		①很大　　　　　　②较大 ③一般　　　　　　④较小 ⑤几乎没有
如选项为③④⑤，造成这个结果的主要原因是？		①村干部素质不够，自身水平受限 ②村组织结构不优，限制发挥 ③村干部缺乏激励机制，工作无热情 ④硬件设施、资金缺乏 ⑤村庄先天条件受限 ⑥缺乏群众基础，工作开展困难 ⑦其他（注明：　　　　）

附录二 "十三五"来凤县各乡镇贫困人数和贫困村数分配表

乡镇名称	贫困村数（个）	贫困人口数（人）
合计	46	79 000
翔凤镇	5	10 693
百福司镇	6	10 271
大河镇	8	14 407
绿水镇	5	5 261
漫水乡	5	7 044
旧司乡	7	14 244
革勒车乡	5	8 209
三胡乡	5	8 871

附录三 "十三五"来凤县46个重点贫困村分批帮扶分配表

乡镇名称	2015~2016年帮扶贫困村个数	2017~2018年帮扶贫困村个数	2019~2020年帮扶贫困村个数	总计
合计	16	15	15	46
翔凤镇	老虎洞村、竹坝村	老茶村	檀木湾村、梅河村	5
百福司镇	兴安村、安家堡村	堡上村、沙道湾村	高洞村、梅子坳村	6
大河镇	沙坝村、拦马山村	白果树村、双凼槽村、桐子园村	白水泉村、满店村、芭蕉溪村	8
绿水镇	大坪村、大堰塘村	四合村	康家沟村、施南坪村	5
漫水乡	胡家坝村、龟塘村	油房坳村	东山坪村、社里坝村	5
旧司乡	大坝村、三寨坪村	觅鸭溪村、梅子村、岩蜂窝村	小河村、四方村	7
革勒车乡	葩坪村、岩板村	豹子沟村、土家寨村	鼓架山村	5
三胡乡	石桥村、狮子村	官坟村、六正村	安子村	5

基于需方感知满意度的公共卫生服务的评价研究

——以建始县为例

金 莉 刘 伟

一、绪论

（一）研究背景与意义

1. 研究背景

（1）社会背景。近年来，虽然我国经济进入"新常态"，但总体的经济趋势还是积极乐观的，经济总量保持高速增长，但是类似"脱贫三五年，一病回从前。救护车一响，一头猪白养。"① 这种"民谣"在我国少数民族贫困地区却还是广为流传，这也从某种程度上反映出当前整个社会对于医疗服务的供不应求的紧张状况和老百姓的无奈感叹。

从全国范围来讲，目前公立医院占有绝大多数的医疗资源，但是现有的资源却远远不能满足人们日益增长的医疗需求，所以要实现"医疗资源均等化"这一目标需要我国进一步规范基层医疗服务机构，整合基层医疗卫生资源，提高基层医疗机构服务质量，以满足需方对基层医疗服务质量的感知需求。

（2）政策背景。"看病难，看病贵"一直是困扰老百姓的难题，我国对这一问题也越发重视，尤其是基层医疗公共卫生服务这方面。如我国也着手于基层医疗公共卫生服务工作。2015年6月11日，中华人民共和国国家卫生和计划生育委员会发布的《关于做好2015年国家基本

---

① 基层医疗卫生工作的现状与对策［EB/OL］. http://bbs.iiyi.com/thread-1421388-1.html.

公共卫生服务项目工作的通知》提出要提高经费标准调整优化服务项目（2015年人均基本公共卫生服务经费标准从35元提高至40元）、扩大服务覆盖面（提高居民健康档案建档率；增加高血压、糖尿病和重性精神疾病（严重精神障碍）患者管理人数，对血压、血糖控制不理想的患者增加随访次数；提高老年人体质辨识和儿童中医调养服务覆盖率）、扩展和增加服务内容（新增加结核病患者健康管理服务）、强化基础性服务项目、加大对村医支持力度（使用于村医开展基本公共卫生服务的人均经费增加5元）、规范项目资金管理、加强人员培训、加大宣传力度、完善服务模式、落实专业公共卫生机构和中医医疗机构对基层医疗卫生机构的指导责任、强化项目绩效考核等，以做好2015年国家基本公共卫生服务项目工作。[①] 这是我国从国家层面第一次强调要加强基层医疗机构公共卫生服务的功能。

2. 研究意义

现阶段我国卫生资源配置上"重医疗、轻预防，重城市、轻农村"的格局，使得农村卫生资源，尤其是优质的卫生资源（包括基层医疗机构数量、基层医疗服务人力资源、病床数、设备资源、资金和药品资源等）相对贫乏，导致城乡卫生资源差距不断拉大，广大农村群众的基本医疗卫生服务需要难以满足。[②] 而是否解决看病就医的问题涉及国之根本，所以在现有的医疗资源条件下，提高基层医疗机构的服务质量，满足需方的就医需求，提高患者的感知满意度就显得尤为重要。

3. 实践意义

本课题为研究生提供了学习机会。作为研究生，理论知识学习经验丰富，但是实践经验不足，通过实地调研，可以学到书本上没有的知识，将理论知识实践化。我们也可以利用这次机会深入群众、了解社会，这对我们将来走上工作岗位有很好的借鉴意义。此外，通过本次调研，我们将更好地了解调研的具体程序与注意的细节，这为我们今后的调研、学习提供了宝贵的经验。

---

① 关于做好2015年国家基本公共卫生服务项目工作的通知 [EB/OL]. 中华人民共和国国家卫生和计划生育委员会官网，http://www.nhfpc.gov.cn/jws/s3577/201506/61340494c00e4ae4bca0ad8411a724a9.shtml.

② 侯素青. 公立医院医疗服务满意度及其影响因素研究 [D]. 济南：山东大学，2011.

(二) 理论及相关研究综述

虽然我国在基层医疗机构服务质量满意度的研究领域取得了一定的进展,但我国的基层医疗机构服务质量的评价研究起步较晚,研究尚未成熟。而目前关于本研究的文献研究发现主要包括以下几个方面:

(1) 有关服务质量和需方满意度的定义。

①帕拉苏拉姆和蔡特哈姆尔(Parasuram & Zeithaml, 1985)将服务质量定义为"感知的服务与期望的服务之间的距离"。而美国技术评估办公室,即 OTA(Office of Technology Assessment, 1988)提出"医疗服务质量是指利用医学在现有条件下医疗服务后增加病人期望结果和减少非期望结果的程度。"

②国外关于医疗服务需方满意度的定义不尽相同,如朗德尔(Rundle, 1999)认为患者满意度是一种态度,是患者对所经历的医疗服务的综合的定位。[1]

国内关于需方满意度问题主要从心理学角度出发进行阐释,如解瑞谦、刘军安(2005)认为卫生服务满意度是指为人们根据个人对健康、疾病等方面的要求,对医疗服务产生某种期望后,将实际卫生服务经历与期望的状态进行对比后产生的情感状态反应。[2]

(2) 基层医疗机构服务质量的需方满意度的评价。

①有关医疗服务患者满意度调查量表。医疗服务质量的满意度评价量表在国外已获得长足发展,评价体系较为成熟。现在国外较著名的医疗服务质量的满意度评价指标体系是帕拉苏拉姆、蔡特哈姆尔和贝里(Berry, 1991)等通过定量研究和定性研究,将服务质量的五个维度定义成由 22 个项目组成的测量服务质量 SERVQUAL 量表。但部分学者却认为,现存的需方满意度评价研究尚未形成标准化的科学体系,如威尔金(Wilkin, 1994)认为美国广泛应用的六种评价量表信度及效度不高。

在国内,很多卫生事业研究者及部分医务工作人员将国外患者满意度评价研究成果与我国实际情况相结合,设计出我国的患者满意度调查量

---

[1] Newsome P., Wright G. H. Patient Management: A review of patient satisfaction: 2. Dental patient satisfaction: an appraisal of recent literature [J]. Br Dent J, 1999, 186 (4): 166 – 170.
[2] 解瑞谦,刘军安. 深圳市居民社区卫生服务满意度及排序评价 [J]. 中国全科医学, 2005, 8 (7): 544 – 546.

表。这其中比较常用的调查表有陈平雁等（1999）的综合医院住院病人满意度量表（IPSQ）、蔡湛宇等（2002）的综合医院门诊病人满意度量表（OPSQ）。刘丽等（2014）则设计了分别适于调查一般健康人群、慢病患者、孕产妇儿童、65岁及以上老年人和重性精神患者群的五种调查问卷。①

②有关需方感知满意度的评价指标。因为个人偏好和概念理解的认知上存在差异，国内学者在满意度的评价指标的选择上存在较大的差异。最基础的指标一般包括社区机构的服务内容、技术水平、服务态度和被调查对象的学历等，如刘丽等（2014）对青岛居民满意度的评价因素。② 而刘卫云等（2013）在此基础上，考虑到需方获得医疗服务的便利性和方便性，认为乡镇卫生院医疗服务满意度的评价指标有服务态度、诊疗技术、医患交流、医疗安全、提供基本卫生服务、获取服务便利性、获得服务经济性。③ 林淑周（2013）则打破了基层医疗机构服务质量的常规研究，他认为需方的社会人口特征、家庭收入、文化程度也应该纳入需方感知满意度的评价指标体系中来。④ 罗秀娟等（2010）从多个方面提出服务质量满意度评价体系，他认为评价指标包括基本情况、社区卫生服务利用情况、居民对社区卫生服务机构的认知程度及途径、居民的就诊倾向及原因、接受过的社区卫生服务类别、社区卫生服务利用率及原因、居民对社区卫生服务的满意度、医护人员服务满意度、社区卫生服务机构的硬件设施满意度、社区卫生服务价格和药品价格满意度。⑤ 吴予红等（2007）从新农合的角度出发，认为参合农民感知满意度的评价指标主要包括医疗机构医疗技术水平、就医方便程度、就医等待时间、交通、医生的信任程度、总体满意度、医疗设备、需要药品价格。⑥

---

①② 刘丽，顾理平，林永峰，邵宇涵.2012年青岛市居民对基本公共卫生服务项目满意度调查［J］.社区医学杂志，2014（1）.
③ 刘卫云，程志国，董丽萍.基于居民满意度调查的基层医改效果分析研究［J］.中国卫生质量管理，2013（11）.
④ 林淑周.城乡居民对基层医疗机构服务满意度分析——基于福建省三城市的调查［J］.福建行政学院学报，2013（2）.
⑤ 罗秀娟，董建成，张志美，陈德芳，陈燕，钱庆，代涛.我国社区卫生服务利用及居民满意度的分析研究［J］.中国全科医学，2010（9）.
⑥ 吴予红，邢焕琴，时松和，赵学勇，田庆丰，张体.郑州市参合农民对医疗机构服务质量的评价［J］.河南预防医学杂志，2007（6）.

（三）研究思路与研究方法

1. 研究思路

本文的研究思路与研究技术路线见图1。

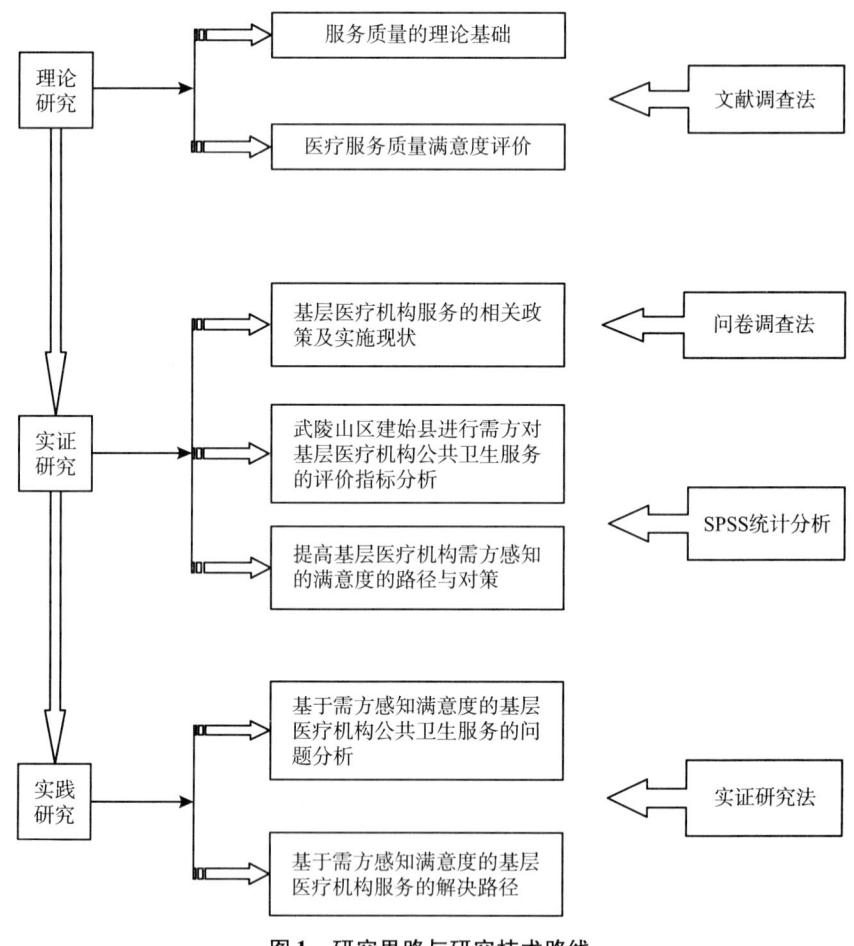

图1 研究思路与研究技术路线

2. 研究方法

（1）问卷调查法。调查问卷内容涉及需方对需方对基层医疗公共卫生服务的认知情况、需方对基层医疗机构公共卫生服务的满意度。通过问卷可了解基层医疗机构公共卫生服务的相关政策及医疗卫生服务实施现状。

（2）访谈法。

①入户访谈法。从基层医疗机构选择的几个有代表性的乡村镇中，随机性地挑选一定数量的患者，对其进行深度访谈，了解个案对调研目的地的基层医疗机构公共卫生服务的满意情况。

②机构访谈。深入到选取的县级医院、乡镇卫生院和村卫生所中，按照调研比例抽取一定数量的医护人员和领导了解基层医疗机构公共卫生服务情况。与建始县政府、建始县卫生局等机构召开座谈会，从政府角度了解当地基层医疗机构现状和存在的问题。

（3）SPSS 统计分析法。通过对调查问卷进行整理分析，利用 SPSS 17.0 对数据进行描述性统计分析。

二、调研的组织与实施

（一）调查设计

1. 调查实施计划

（1）前期工作。

①资料收集与文献准备。本组成员在调研前期通过搜集图书馆文献、网络数据和整理指导老师所掌握的数据资料等方式获得大量数据资料和相关政策文件，力求了解课题相关的资料。

②制订调研方案和调查问卷。在实地调研前，在老师指导和组员共同合作下，制订出一套详尽的调研方案。通过已收集的资料和之前学习的专业知识和调研经验，我们制订了科学的调查方案和财务预算方案，为下面的调研工作作好前期的准备。

③预调查。利用电话等通讯手段与相关的政府部门了解当地具体的情况。同时，通过网络调查和电话访谈等形式利用所制定的问卷对建始县群众进行预调研，从而修订调研计划和调查问卷，并对调研目的地当前基层医疗服务质量的需求感知满意度的情况进行初步探究。

（2）中期工作。调研活动由老师指导并进行监督，由小组负责人领队，小组成员间分工配合的过程管理模式，保障调研活动实施的质量和效果。

在调研全过程，以 QQ、微信、微博、人人网等媒体方式实时发布调研小组的工作状态，工作内容和活动效果，与中南民族大学研究生院进行微博互动。

（3）后期工作。对调研资料进行系统的汇总分析，通过调查问卷的调查结果对需方满意度进行分析评价，从而为连片贫困的少数民族地区在医疗服务质量的改进问题上提出建设性的建议，而后撰写调查报告。

2. 策划方案

详见表1。

表1　　　　　　　　　　调研计划

调研时间	2015年7月12~17日
调研地点	恩施土家族苗族自治州建始县
调研方法	小型座谈会、问卷调查、入户访谈、机构访谈
调研对象	市政府、卫计局、人保局、医院、门诊及住院患者
调研人员	教师及研究生5人
调研目的	基层医疗机构是我国农村卫生服务网的重要组成部分，是农村三级医疗保健网的中心，在农村防病治病、改善农村医疗卫生状况中发挥着十分重要的作用。由于我国卫生资源配置呈倒三角状态，大量的优质卫生资源集中在大城市高层次的医院，而基层医疗机构则缺乏优质的医疗资源，由于经济和环境等条件的限制，基层医疗服务开展状况一直不容乐观，未能很好地实现其功能定位
调研内容	本课题调查组将对需方的一般情况、公共卫生服务方面等情况进行详细的问卷调查，并结合机构访谈和入户访谈深层次地了解当前基层医疗机构医疗服务开展情况
调研项目的具体内容	①基层医疗机构医疗卫生服务现状。查阅并整理国内外相关文献，掌握基层医疗机构医疗卫生服务相关理论和发展趋势 ②建始县基层医疗机构公共卫生服务现状

3. 可行性分析

调研的便利条件：

①团队配置合理、专业性强。本次实践团队由社会保障专业和电信专业的研究生组成，其中一部分学生曾经参加过"三下乡"等暑期社会实践，社会实践经验比较丰富，有着深厚的理论基础知识，有助于理解和解决在实际调研中遇见的问题。

另外，我们的实践队员都具有吃苦耐劳的精神品质、良好的人际沟通能力、良好的团队合作和独立处事的能力。在数据整理和分析方面能熟练运用 Excel、SPSS 等数据分析软件。这对我们能按时、按质、按量完成本次实践任务提供了极大帮助。

②指导老师优势。负责此次调研团队的指导老师对民族地区医疗卫生事业发展研究多年，在《管理世界》《中国农村观察》《世界经济文汇》《中南民族大学学报》等国家权威、核心期刊（CSSCI）上共发表学术论文二十余篇。指导老师多次组织调研团队深入民族地区调研，经验相当丰富，在此次调研申请过程中给我们提出了许多宝贵意见。

③调研课题本身。此次调研课题经过老师和组员的讨论，最终达成了一致意见，课题设计严谨、内容明确，可行性强。团队在课题上分工明确，能够充分调动队员的积极性。

④学校与实地调研地的大力支持。本次暑期调研响应《关于开展"研究生服务民族地区调研实践活动"的通知》，学校领导高度重视，此次民族地区调研实践活动不仅得到了学校在人力、物力、财力上的鼎力支持，还将获得关于调研活动的相关培训。同时学校与调研地政府有长期的合作关系，这给我们实施调研活动提供了便利条件。当地政府承诺将组织相关工作人员协助我们进行调查，并对我们此次调研的实践提出了许多宝贵的建议。

（二）调查实施

1. 调研实施流程

在实际调研活动中我们按照表 1 的流程开展调研活动。

2. 研究对象

本次调研共发放问卷 300 份，其中回收 299 份，调查问卷主要采取偶遇的形式抽样调查。

（1）县级：建始县中医院、建始县人民医院的患者，60 份。

（2）乡镇级：业州镇卫生院、红岩镇卫生院、高坪镇卫生院的患者，181 份。

（3）村级：三里乡槐坦卫生所、小屯村卫生室的患者，58 份。

三、基层医疗机构公共卫生服务的现状分析

(一) 建始县基层医疗环境的现状

通过前期对关于基层医疗卫生机构服务质量相关文献的阅读及在互联网上了解到建始县的相关信息，对调研目的地有以下认识：

1. 调研目的地基本情况

建始县地处鄂西南山区腹地，东连巴东县，西接恩施市，南邻鹤峰县，北与重庆市巫山县毗连，总面积2 666平方千米，辖五乡（长梁、茅田、龙坪、三里、花坪）5镇（业州、红岩、高坪、景阳、官店），总人口507 672人，其中城镇人口7.48万，农业人口43.29万。

(1) 独特的自然资源和生态环境。建始县森林、矿产、水能、风景旅游、人文资源丰富；气候资源良好，四季分明，境内群山起伏，沟壑纵横，槽、坦、平坝遍地分布，适宜各种动植物生息繁衍。建始县有"富硒王国"之称，县境内硒资源出露面积近480平方公里，是国内连片面积最大、平均硒水平含量最高的富硒生物圈，土壤平均硒水平含量17.7ppm。

(2) 不断提高的经济水平。县内318国道、209国道、沪蓉西高速、宜万铁路横贯其中。县城业州镇沿318国道距省会武汉市607千米，沿209国道距州府所在地恩施市区59千米。建始县突出特色、突出重点、突出统筹、突出民生，全县三次产业竞相发展、项目建设卓有成效、城乡面貌深刻变化、社会发展更加和谐。[①]

2. 基层医疗机构基本状况

(1) 建始县医疗机构数量与等级。建始县共有基层医疗卫生机构455个，县级医院有4家，包括建始县中医院（国家二级甲等医院、湖北省示范医院，国家二级优秀医院）、建始县民族医院（民营医院）、建始县妇幼保健院、建始县人民医院（国家二级甲等医院和湖北民族学院医学院的教学医院）；乡镇卫生院有8家，包括业州镇卫生院、龙坪乡卫生院、花坪中心卫生院、景阳镇卫生院、官店镇中心卫生院、建始县高坪镇中心卫

---

① 建始县概要［EB/OL］. http：//www.hbjs.gov.cn/col/col2/index.html.

生院、建始县茅田乡卫生院、建始县长梁乡卫生院。村卫生室数目较多，分布广泛，主要包括长梁乡瓦子院村卫生室、建始县三里卫生院、长岭岗林场卫生所、三里乡小屯村卫生室、建始县龙坪乡崔家坪村卫生室、建始县龙坪乡楂树坪村卫生室、茅田乡封竹中心卫生室、建始县高坪镇闵仕坝村卫生室、业州镇七里坪村卫生室、高平镇白果树村卫生所、高坪镇大店子村卫生所等。

在基层医疗卫生机构建设方面，建始县加快了医疗卫生机构的标准化建设，全县乡镇卫生院标准化率达100%，村级卫生室达标率为45.8%。全县所有的乡镇卫生院（含社区卫生服务中心）、村级卫生室均实施了国家基本药物制度。

（2）建始县基层医疗机构的管理现状。在基层医疗卫生机构建设方面，该县建立多渠道补偿机制，已将基层医疗卫生机构的专项补助和经常收支差额纳入财政预算，实行一般性诊疗费政策，基层医疗卫生机构承担的基本公共卫生服务经费得到及时支付。同时，该县落实了乡村医生待遇，对村医补助采取财政打捆使用的方式进行，并加快基层医疗卫生机构标准化建设，全县乡镇卫生院标准化率已达100%，村级卫生室达标率达45.8%。

2012年6月15日，建始县卫计局发布的《2012年建始县医政、中医工作要点》深入推进"三好一满意"、"医疗质量荆楚行"活动。全面改善医疗服务质量，大力开展志愿者医院服务，深化以病人为中心的服务理念，提升医院科学化、专业化、规范化、精细化水平。规范医疗行为，提高医疗质量，保障医疗安全，强化医德医风教育，全面落实医疗质量荆楚行的各项考核指标，不断提高群众满意度。[①]

本课题之所以选择建始县作为调研地点，除了建始县是武陵山区少数民族贫困地区这个原因外，还在于其在研究武陵山区基层卫生医疗服务机构的服务质量上具有一定的代表性。

（二）调研目的地的患者对基层医疗机构公共卫生服务的评价分析

1. 人口学特征分析

本次调研共发放问卷300份，有效问卷299份，其中男性160名，女

---

① 2012年建始县医政、中医工作要点［EB/OL］. http：//xxgk. hbjs. gov. cn/xxgk/jcms_files/jcms1/web46/site//art/2012/11/28/art_10312_17940. html.

性139名，男性占总样本量的百分比为54%，女性占样本量的百分比为46%，具体情况如图2所示。

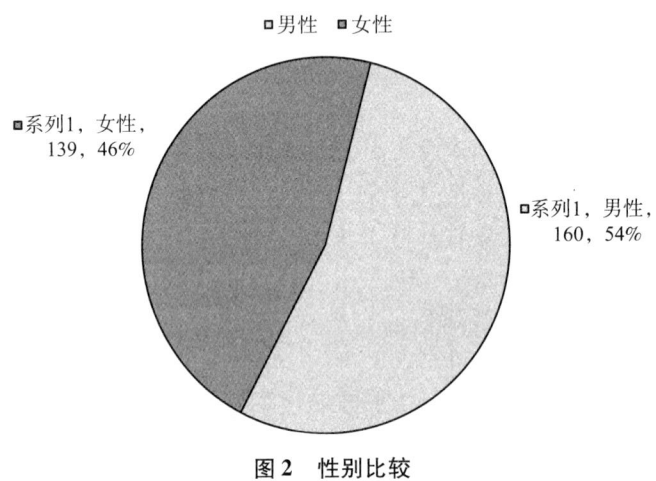

图2 性别比较

本次调研数据年龄均值为50.6455岁，样本中调研对象最小的年龄为8岁，最大的年龄达90岁，而这其中40岁的被调研患者人数最多，这说明武陵山区建始县的基层医疗机构需方的年龄结构是以老年人为主体。

从学历层次来看，小学文化水平的患者最多占总样本量的32%，其次初中文化的占总样本量的31.1%，可以发现建始县在基层医疗机构就诊的患者的学历水平偏低，这也是因为需方主体是中老年人，当时九年义务教育政策还未实施，受规范化教育人数极少。具体情况如图3所示。

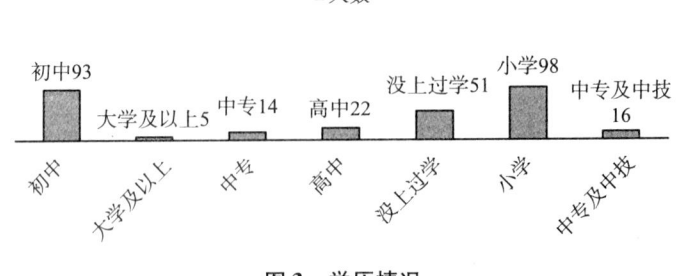

图3 学历情况

从职业来看，务农的占样本总量的56.5%，可见该该县基层医疗机构的就诊患者大多为农民，生活较为艰苦，看病的负担相对较重，具体情况如图4所示。

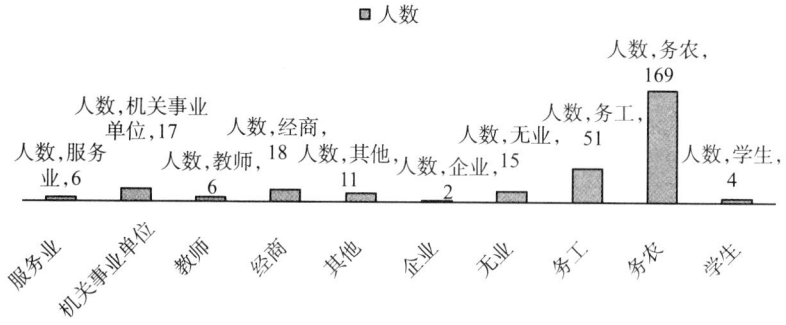

图4 职业发展情况

2. 公共卫生服务认知情况

有120人近半年内做过健康体检，179人近半年内没做过健康体检，未做过体检的占样本总量的60%，可见建始县患者的公共卫生意识较为薄弱，未做好健康预防工作。具体情况如图5所示。

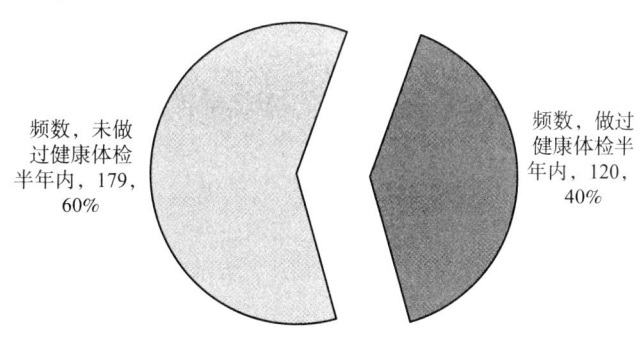

图5 健康预防意识

从患者参加基层卫生组织的健康教育活动来看，近半年内，有51人参加过健康教育活动，占总样本量的17%；有248人未参加过健康教育活动，占样本总量的83%，绝大多数基层医疗机构的患者没有参加健康教育活动，这反映出健康教育活动开展情况较差，这主要是因为人们的参与积极性不高和健康教育活动的宣传力度没有做到"通知到人人，落实到人人"，具体情况见图5。

从参加健康教育的次数来看，有44人近半年内参加了1~5次健康教育活动，7人参加了5~10次，可见建始县的基层医疗机构中就诊的患者参加健康教育活动的次数很少，没有积极性，健康预防意识不够高。具体情况如图6所示。

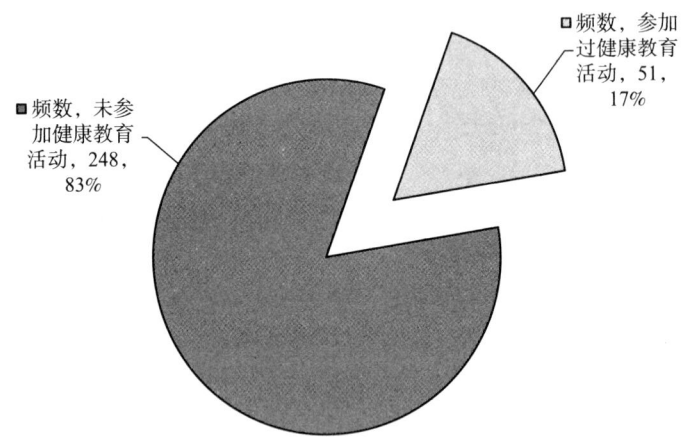

图6 近半年内参加健康教育活动情况

而从患者获得公共卫生保健知识的途径看，69人选择从医务人员那里获得，71人是从电视和电脑中获得的信息，28人是从广播获得的信息，31人是从报刊书籍里获得的知识，12认识从学校获得的知识，53人是从家人那里获得的卫生知识，7人是从同事或朋友那里获得的卫生知识，6人的获得途径为其他，22人不知道从哪里获得公共卫生知识。由图可清晰地发现基层医疗机构的患者获得的公共卫生知识主要是从医务人员和电视、电脑等新媒介上获得。具体情况如图7所示。

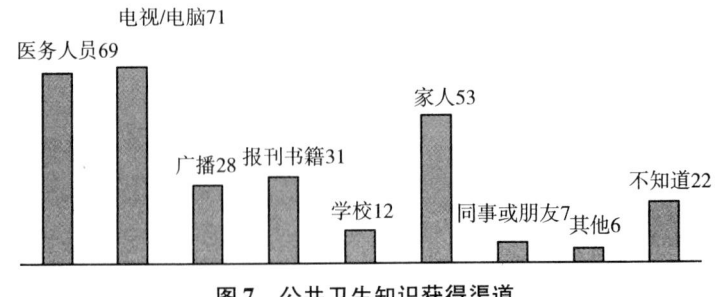

图7 公共卫生知识获得渠道

3. 对公共卫生服务质量满意度状况

从患者对公共卫生健康教育宣传工作的满意度来看，4人很不满意，占1%；110人较不满意，占总样本量的37%；95人认为一般，占总样本量的28%；83人认为较满意，占样本总量的28%；7人很满意，占样本总量的2%，可见患者对基层医疗机构公共卫生的健康教育宣传工作不太满意，具体情况如图8所示。

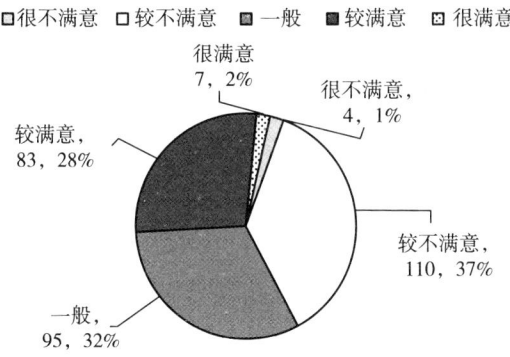

图8 公共卫生健康教育宣传工作满意情况

从计划免疫接种工作的满意度来看，4人很不满意基层医疗机构的免疫接种工作，23人较不满意，96人认为一般满意，161人认为较满意，15人认为很满意。计划免疫接种工作较健康教育宣传工作满意度较高，这是因为该项工作落实情况较好，对老百姓有切实的实惠，具体情况如图9所示。

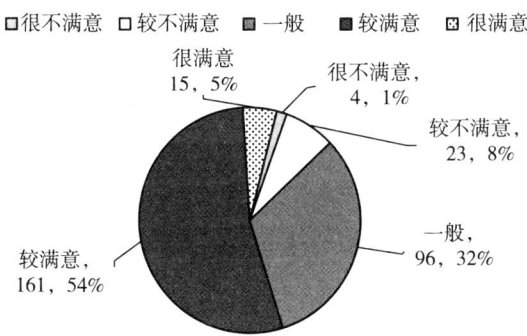

图9 计划免疫接种工作满意度情况

从妇幼保健工作满意度情况来看，2 人很不满意，24 人较为满意，89 人一般满意，172 人较不满意，12 人很满意，57.5% 的患者对妇幼保健工作较不满意，28.8% 的患者一般满意，说明该项目实施情况较差。

从老年人保健工作的满意度情况来看，5 人很不满意基层医疗机构对老年人进行的公共卫生保健服务，86 人较满意，104 人认为一般满意，93 人较不满意，11 人很满意。其中，34.8% 认为一般满意，31.1% 的患者认为较不满意。具体情况如图 7、图 8 所示。

从传染病防治工作满意度来看，37.1% 的患者认为满意度一般，31.4% 的患者认为较不满意，28.8% 的患者对该项工作的满意度为较满意和很满意。所以，基层医疗机构患者对传染病防治工作表示消极的满意状态。

从慢性病管理工作来看，基层医疗机构 44.1% 的患者认为一般满意，26.1% 的患者认为较不满意。所以总体上，患者对基层医疗机构慢性病管理工作不太满意或一般满意。

从患者对基层医疗机构公共卫生服务的总体满意度来看，1 位患者对公共卫生服务质量很不满意，占样本总量的 0.3%；46 人较不满意，占样本总量的 15.4%；150 人认为一般满意，占样本总量的 50.2%；93 人较为满意，占样本总量的 31.1%；9 人认为很满意，占样本总量的 3%。可见患者对公共卫生服务的总体满意度较为积极。具体情况如图 10 所示。

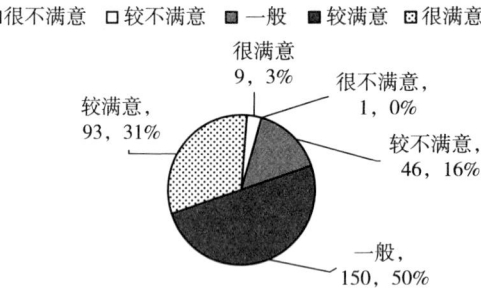

图 10 公共卫生服务满意度情况

（三）综合评价建始县基层医疗机构公共卫生服务的现状

1. 主体老龄化

本次调研数据主要是在建始县的中医院、县人民医院、业州镇乡镇卫生院、红岩镇乡镇卫生院、高坪镇乡镇卫生院和三里乡两家村卫生室住院或者看门诊的患者，经过调查发现基层医疗机构中大多数患者为老人，平均年龄为50.6455岁，其中最小的患者年龄为8岁，最大的患者年龄达90岁，这说明武陵山区建始县的基层医疗机构需方的年龄结构是以老年人为主体的。

2. 对公共卫生服务的满意度呈差异化

本文还分别就患者对基层医疗机构不同类型的公共卫生服务的满意度进行调查，发现：57.5%的患者对妇幼保健工作较不满意，28.8%的患者一般满意；34.8%的患者一般满意基层医疗机构老年人保健服务，31.1%的患者较不满意；37.1%的患者对传染病防治服务满意度一般，31.4%的患者较不满意；44.1%的患者一般满意慢性病管理服务，26.1%的患者较不满意；37%的患者较不满意公共健康宣传服务，28%的患者认为一般满意；32.1%的患者一般满意计划免疫接种服务，53.8%的患者表示较满意。

（四）建始县基层医疗机构公共卫生服务中存在的问题

1. 公共卫生服务工作实施效果差

研究发现患者对基层医疗机构妇幼保健工作的满意度最低，虽然妇幼保健工作在基层得到开展，但是保健覆盖面较小、保健项目较少、医务人员的技术水平较低，加上妇幼保健工作宣传力度不大，因此诊治效果较差，群众参与度低。

老年人保健工作实施不到位，基层医疗机构几乎没有任何针对老年保健的活动，因此患者对于老年人保健工作的满意度较低。而且基层医疗机构的患者对传染病防治工作、慢性病管理工作的满意度较低，很多患者表示主要是村镇领导组织并购买这些服务，而基层医疗机构未承担起这项义务；有的基层医疗机构开展类似的活动，但也主要是集中在城镇中心，很多有需求的老百姓没有得到通知或是因为交通不便无法前往获得服务。

2. 公共卫生知识宣传力度小

从调研的问卷发现，有248人未参加过健康教育活动，占样本总量的83%，绝大多数基层医疗机构的患者没有参加健康教育活动，且参加的患者对健康教育活动的参与次数较少，可见健康教育活动的宣传力度没有做到"通知到人人，落实到人人"。

而基层医疗机构的患者主要是老人，其学历水平较低，公共卫生知识欠缺，公共卫生预防意识不高，不了解艾滋病等传染性疾病，也不知道艾滋病的传播方式。同时，这些患者对公共卫生知识的获取主要是从电视电脑和身边的家人了解，获取途径较为单一。

3. 硬件设施条件较差

在调研过程中，有患者向我们提到医院没有空调、电梯等必用设施，使得患者家属要将患者从1楼背到5楼，有时还要去检查，一来一去全部靠人力，这对患者和家属来说极不方便。同时，由于夏天天气热，一些基层医疗机构没有空调，有的甚至连电扇也没有，这对患者恢复病情是非常不利的。

四、提高需方感知满意度的公共卫生服务的建议

（一）提高公共卫生知识的宣传教育力度

研究发现基层医疗机构的患者的公共卫生知识欠缺，基层医疗机构应该承担起健康教育的责任，医院要定期开展医疗卫生知识大讲堂活动，运用多种媒体宣传渠道（如电视新闻、报纸、广播、宣传单）以吸引基层患者的注意力；还要在各个乡村开展宣传教育活动，要求每户人家尽量参与，而健康教育活动的参与度和到勤率将与新农村合作医疗制度、城镇居民医疗保险制度的报销比例挂钩，以此来提高人们的参与公共卫生知识学习的积极性。

（二）优化医疗设施建设

政府要加强对基层医疗机构的财政扶持力度，提高基层医疗机构硬件设施水平。基层医疗机构室内应设计配置了现代化的中央空调系统、消防系统、变配电系统、垂直运输系统，包括电梯、扶梯，还要有高层供水加压系统、智能化系统（计算机网络、闭路电视及广播、病房呼叫、安全监控、门诊就诊叫号等）、中心供氧、中心吸引系统、污水处理系统。在公共活动区域，还要设置有利于住院患者就诊的设施，如电视设施、公共电

话、公共轮椅及增加开水供应，使患者在良好的住院环境下，快速恢复。

病房应宽敞明亮，视野开阔，要保持定时清洁，每日进行空气及地面消毒，保证医院环境干净、整洁、无异味。普通病房均设计配置有卫生间及热水洗浴设施、有线电视、宽带、衣柜、饮水机。较高档病房设计配置了客厅、客房、厨房、电冰箱、微波炉等，病人住进设备齐全舒适的病房，更增添了家庭的温馨。基层医疗机构应为患者创造干净、整洁、舒适、安宁的就医环境，为住院患者提供安全、便捷的就医服务。只有基层医疗机构的硬件设施提升了，"转诊治疗"制度才可以顺利开展。

(三) 保证公共卫生服务工作的立法建设

我国有关公共卫生服务的相关法律法规较少，无论是老年人保健服务、传染病防治工作，还是慢性病管理工作都没有具体可行的法规规章制度，无法做到有法可依，执法必严，违法必究。而日本作为老龄化很严重的国家，早已出台了很多政策，如2000年出台的介护政策既保障老年人生活不便时有人照料、有病能及时得到医疗和护理，又尽可能提高劳动人口照料老年人的效率（节约劳动人口的劳动力），而且通过专业人员的定期上门提供医疗护理和康复指导，延缓衰老进程，促进和维持健康状况，节约了大量的医疗费。[①] 所以，国家要制定公共卫生服务的法律，从意识层面重视它；基层医疗机构要制订切实可行的服务计划，使得公共卫生服务规范化提供，法制化执行，将老年人保健工作、传染病防治工作、慢性病管理等工作落实到位，让患者获得切实的医疗服务。

参 考 文 献

[1] 侯素青. 公立医院医疗服务满意度及其影响因素研究 [D]. 济南：山东大学, 2011.

[2] 解瑞谦, 刘军安. 深圳市居民社区卫生服务满意度及排序评价 [J]. 中国全科医学, 2005, 8 (7)：544-546.

[3] 刘丽, 顾理平, 林永峰, 邵宇涵. 2012年青岛市居民对基本公共卫生服务项目满意度调查 [J]. 社区医学杂志, 2014 (1).

[4] 刘卫云, 程志国, 董丽萍. 基于居民满意度调查的基层医改效果分析研究 [J]. 中国卫生质量管理, 2013 (11).

---

① 唐莹, 陈正英, 薛桂娥, 李春梅. 我国老年人健康保健服务相关政策现状 [J]. 2010 (3).

[5] 林淑周. 城乡居民对基层医疗机构服务满意度分析——基于福建省三城市的调查 [J]. 福建行政学院学报, 2013 (2).

[6] 罗秀娟, 董建成, 张志美, 陈德芳, 陈燕, 钱庆, 代涛. 我国社区卫生服务利用及居民满意度的分析研究 [J]. 中国全科医学, 2010 (9).

[7] 吴予红, 邢焕琴, 时松和, 赵学勇, 田庆丰, 张体. 郑州市参合农民对医疗机构服务质量的评价 [J]. 河南预防医学杂志, 2007 (6).

[8] 黄绪琼, 靳娟, 柯永平, 郝帅, 陈丽冰. 2011 年广东省居民对社区基本公共卫生服务的满意度调查 [J]. 中国初级卫生保健, 2013 (3).

[9] 徐娟, 高红霞, 陈晶, 方鹏骞, 湖北省城乡基层医疗机构患者寻医行为现状比较 [J]. 医学与社会, 2012 (6).

[10] 古丽巴哈尔·卡德尔, 郭诚, 米娜瓦尔, 段萌萌, 柯思琼. 新疆贫困县基层医疗机构居民满意度调查分析 [J]. 中国农村健康服务中心, 2013 (9).

[11] 万美霞, 陈永年. 社区基本公共卫生服务按绩效支付的成本因素探讨 [J]. 中国全科医学, 2011, 14 (11): 3549.

[12] 辛英, 饶克勤, 徐玲. 中国农村基层医疗卫生服务质量评价——需方角度 [J]. 中国初级卫生保健, 2010 (6).

[13] 徐娟, 高红霞, 陈晶, 方鹏骞, 湖北省城乡基层医疗机构患者寻医行为现状比较 [J]. 医学与社会, 2012 (6).

[14] 田梅. 基层医疗卫生服务体系的发展与要求 [J]. 吉林医学, 2014, 35 (3): 671-672.

附录

基层医疗机构公共卫生服务的需方感知满意度调查

您好！我们是中南民族大学的学生，为了了解武陵山区建始县患者对基层医疗机构公共卫生服务质量的满意情况，我们组织了这次调查。根据《中华人民共和国统计法》的有关规定，本次调查将信守保密原则，以不记名的形式搜集信息，且所有答案只用于统计分析，不会以任何形式向政府、其他机构及个人透露。您只需要在每个问题所给出的几个答案中选择与您情况相符的答案即可。衷心感谢您的支持和协助！祝您全家幸福！

一、基本信息：

您所属：湖北省_____县_____村

1. 性别：（1）男 （2）女
2. 年龄：_____岁
3. 您的文化程度是：
（1）没上过学　　　　　　（2）小学　　　　　　　（3）初中
（4）高中　　　　　　　　（5）中专/中技　　　　　（6）大专
（7）大学及以上
4. 您的职业：
（1）务农　　　　　　　　（2）务工　　　　　　　（3）经商
（4）服务　　　　　　　　（5）教师　　　　　　　（6）学生
（7）企业　　　　　　　　（8）机关事业单位　　　（9）无业
（10）其他　　　　　　　（11）退休
5. 您参加了哪种医疗保险（可多选）：
（1）公费医疗　　　　　　　　（2）城镇职工基本医疗保险
（3）城镇居民基本医疗保险　　（4）新型农村合作医疗保险
（5）商业保险　　　　　　　　（6）其他（　）
（7）没参加
6. 您月平均收入为：
（1）无收入来源　　　　　　　（2）2 000元及以下
（3）2 001～4 000元　　　　　（4）4 001～6 000元
（5）6 001～8 000元　　　　　（6）8 001元以上
7. 您在患常见病时（病情较轻）一般选择去哪里就诊：
（1）村卫生室　　　　　　（2）乡镇卫生院　　　　（3）私人诊所
（4）县级医院　　　　　　（5）市省级医院　　　　（6）民营医院
（7）其他医疗机构　　　　（8）自我医疗
8. 选择原因（根据第7题答案，可多选）：
（1）距离近/交通方便　　（2）收费合理　　　　　（3）技术水平高
（4）设备条件好　　　　　（5）药品丰富　　　　　（6）服务态度好
（7）报销定点单位　　　　（8）有熟人　　　　　　（9）有信赖的医生
（10）其他

二、公共卫生服务认知方面

9. 近半年内，您是否患有经医生诊断的慢性疾病？

（1）是　　　　　　　　　　（2）否（跳问33题）

10. 近3个月内，是否有医生针对您的慢性疾病做过健康指导？
（1）是　　　　　　　　　　（2）否

11. 在过去12个月内，您是否做过健康体检？（不包括因病的检查）
（1）是　　　　　　　　　　（2）否

12. 在调查前半年内，您是否参加过卫生机构组织的健康教育活动？
（1）是　　　　　　　　　　（2）否（跳问26题）

13. 调查前半年内，共参加多少次健康教育活动？
（1）0次　　　　　（2）1~5次　　　　　（3）5~10次
（4）10次以上

14. 您知道艾滋病吗？
（1）知道　　　　　　　　　（2）不知道

15. 您知道哪些途径可以感染艾滋病？（可多选）
（1）血液传播　　　（2）母婴传播　　　（3）性传播
（4）握手拥抱　　　（5）空气传播　　　（6）不知道

16. 您的卫生保健知识主要是从哪里获得的？（可选三项）
（1）医务人员　　　（2）电视　　　　　（3）广播
（4）报刊书籍　　　（5）学校　　　　　（6）家人
（7）同事或朋友　　（8）其他
（9）不知道，说不好

三、公共卫生服务的满意度

17. 您对基层卫生部门（如县级医院、乡镇卫生院、妇保院）的健康教育宣传工作是否满意？
（1）很不满意　　　（2）不太满意　　　（3）一般
（4）比较满意　　　（5）非常满意　　　（6）说不好

18. 您对公基层卫生部门（如县级医院、乡镇卫生院、妇保院）的计划免疫接种工作是否满意？
（1）很不满意　　　（2）不太满意　　　（3）一般
（4）比较满意　　　（5）非常满意　　　（6）说不好

19. 您对基层卫生部门（如县级医院、乡镇卫生院、妇保院）的妇幼卫生保健工作是否满意？
（1）很不满意　　　（2）不太满意　　　（3）一般
（4）比较满意　　　（5）非常满意　　　（6）说不好

20. 您对基层卫生部门（如县级医院、乡镇卫生院、妇保院）的老年人保健工作是否满意？
（1）很不满意　　　　　（2）不太满意　　　　　（3）一般
（4）比较满意　　　　　（5）非常满意　　　　　（6）说不好

21. 您对基层卫生部门（如县级医院、乡镇卫生院、妇保院）的传染病防治工作是否满意？
（1）很不满意　　　　　（2）不太满意　　　　　（3）一般
（4）比较满意　　　　　（5）非常满意　　　　　（6）说不好

22. 您对基层卫生部门（如县级医院、乡镇卫生院、妇保院）的慢性病管理工作（如高血压、糖尿病管理）是否满意？
（1）很不满意　　　　　（2）不太满意　　　　　（3）一般
（4）比较满意　　　　　（5）非常满意　　　　　（6）说不好

23. 您对从事基层公共卫生服务的医务人员的服务态度是否满意？
（1）很不满意　　　　　（2）不太满意　　　　　（3）一般
（4）比较满意　　　　　（5）非常满意　　　　　（6）说不好

24. 总体来说，您对基层医疗机构的公共卫生工作是否满意？
（1）很不满意　　　　　（2）不太满意　　　　　（3）一般
（4）比较满意　　　　　（5）非常满意　　　　　（6）说不好

不同类型贫困户在社会医疗保障上的受益比较

——以湖北恩施来凤县为例

向 楠 叶 慧

一、引言

（一）研究背景与意义

1. 研究背景

目前，我国的扶贫已进入啃硬骨头的冲刺期，如何提高政策瞄准精度，尤其是解决"因病致贫、因病返贫"等问题，是老百姓迫切需要的。根据国务院扶贫办的最新调查结果显示，我国目前有 7 000 多万贫困农民，其中因病致贫的比例高达 42%，总共涉及 1 200 多万个家庭。① 精准扶贫的措施中明确提出要"通过医疗救助扶持一批"，但现实情况是，社会医疗保障制度的不健全、医疗救助瞄准精度不足，导致贫困户的就医权利无法得到有效保障，尤其是在农村地区，已经成为全面建成小康社会的一大阻碍。

根据 2013 年"中国城乡困难家庭社会政策支持系统建设"调查数据分析显示，"缺少劳动能力"和"过重的就医经济负担"，是农村贫困户面临的两大致贫原因。贫困户面对当前高昂的医疗费用，往往承担着更高的经济负担与疾病风险，导致"因病致贫"已成为农村贫困地区突出的社会顽疾，迫切需要引起社会各界重视。2016 年 3 月，恩施州人民政府办公室印发《恩施州农村医疗保障精准扶贫工作实施意见》，在此背景下，如何完善社会医疗保障制度，提高医疗救助政策的瞄准精度，对于保障农村居民的就医权、全面建成小康社会具有重要意义。

---

① 全国政协委员司富春：建库立卡，精准识别"因病致贫"的扶贫对象 [EB/OL]. http://toutiao.com/i6258177106530796034/，2016 – 03 – 04.

来凤县是恩施土家族苗族自治州所辖的一个县，是一个典型的少数民族聚居县，同时属于武陵山集中连片特困地区，也是一个国家级的扶贫县。基于民族地区、贫困地区的特殊背景，我们对当地的社会医疗保障制度进行有益探索，针对不同类型贫困户在社会医疗保障上的受益进行比较，提出完善社会医疗保障的政策建议，从而提高社会医疗保障政策的瞄准精度，促进民族地区的精准脱贫。

2. 研究意义

2020年，中国要实现农村贫困人口全部脱贫，全面建成小康社会。而与此同时，农村地区"因病致贫、因病返贫"的突出问题成为我国全面建成小康社会过程中的一大阻碍。农村社会医疗保障制度的完善对于改善民生，保障农村居民的就医权利，缓解贫困问题具有重要的意义。本文希望通过对不同类型贫困户在社会医疗保障上的受益比较进行深入分析，寻找来凤县社会医疗保障政策在实施过程中存在的问题，对于如何提高来凤县社会医疗保障的政策瞄准精度提出政策建议，从而促进少数民族农村地区的精准脱贫，推动少数民族农村地区的经济社会发展，最终实现全面建成小康社会的目标。

（二）研究内容及思路

本文以来凤县的贫困户为研究对象，综合采用文献研究法、数理统计法，对当地的社会医疗保障政策实施现状进行简要梳理，根据来凤县贫困户建档立卡数据，对不同类型贫困户在社会医疗保障上的受益进行比较，针对社会医疗保障与救助政策应该重点关注的对象进行深入分析，在如何提高社会医疗保障政策瞄准精度、减少"因病致贫"现象的发生方面提出政策建议。本文各部分研究内容如下：

第一部分为引言，介绍本文的研究背景与意义、研究内容及方法。

第二部分为国内外研究综述，对社会医疗保障、贫困问题的研究现状进行简要梳理。

第三部分主要介绍调研地——湖北省恩施来凤县的经济社会发展概况，重点对该地的特殊性进行分析归纳。

第四部分主要介绍恩施来凤县社会医疗保障政策实施现状，对该县的社会医疗保障的主要构成部分进行梳理，分析了当地社会医疗保障制度实施的成效及不足。

第五部分为实证分析，根据来凤县贫困户建档立卡数据运用SPSS统计软件对不同类型贫困户在社会医疗保障上的受益进行比较,主要分为三个部分:根据贫困户属性分为扶贫户、扶贫低保户、低保户、五保户四类;根据是否因病致贫分为两类;根据是否外出务工分为两类,从而发现社会医疗保障制度在实施过程中的瞄准偏差等问题。

第六部分针对如何促进来凤县社会医疗保障制度的精准扶贫提出政策建议,主要从提高社会医疗保障的水平,关注特殊群体的就医权利,促进医疗保险政策制度衔接等方面进行阐述。

(三) 主要研究方法

1. 实地调研法

对恩施来凤县进行实地考察,通过机构访谈的方法了解当地经济社会发展水平、社会医疗保障政策实施现状,收集建档立卡的相关数据;同时,深入贫困户家中进行调查,了解他们的生活现状以及对社会医疗保障的主要需求。

2. 文献研究法

根据调查研究需要,查阅社会医疗保障与贫困方面的相关书籍与文献,梳理社会医疗保障问题的研究现状,从理论上对社会医疗保障与贫困问题进行深入探究。

3. 数理统计法

将定量分析与定性分析相结合,根据微观农户数据运用 SPSS 统计软件进行处理,对不同类型贫困户在社会医疗保障上的受益进行深入分析。

二、研究综述

(一) 关于社会医疗保障制度的研究

自改革开放以来,我国在社会医疗保障制度的建立和改革上做出了许多有益探索,"看病难、看病贵"的问题也逐渐吸引了越来越多专家学者的关注,在此方面做出了大量研究。一部分学者从宏观的角度对我国社会医疗保障制度的建立、发展与完善进行探索,例如学者赵曼在回顾中国医疗保险从公费医疗、劳保医疗到社会医疗保险制度的历史性转变的基础上，对中国医疗保险制度的经验与前景进行了总结与展望。[①] 也有学者采用微观数据对医疗保险的效用进行实证分析，例如，学者周钦利用大量微观数据研究后发现，医疗保险制度发挥了减轻医保人群经济负担的作用，并提出将来医疗保险制度的完善需要重点关注低收入和外地户口的人群。[②]

（二）关于民族地区社会医疗保障制度的研究

我国民族地区长期以来发展相对落后，在政治、历史等多方面呈现出一定的特殊性，因此，许多学者以民族地区的社会医疗保障制度为研究对象提出了独到的见解。学者朱新武、雷霆（2013）对完善民族地区农村社会医疗保障制度进行探讨，认为民族地区的特殊自然与社会环境的限制、传统文化和保健风险意识的影响、医疗卫生资源和服务供给能力的短缺制约了当地社会医疗保障制度的发展；[③] 学者马惠兰、段洪铸（2015）以宁夏统筹城乡医疗保险的模式为研究对象，提出要进一步加强门诊统筹与基金管理，完善大病门诊政策，加强信息化建设。[④]

（三）关于社会医疗保障与贫困的研究

社会医疗保障对于缓解贫困具有重要作用，因此许多学者将社会医疗保障与贫困联系起来进行实证探究。学者解垩（2008）利用 CHNS 数据估测了 1989~2006 年医疗保险对中国城乡家庭的反贫困效应后认为，医疗保险在减少贫困上的作用很小。[⑤] 学者胡宏伟（2012）运用面板数据就医疗保险、贫困二者的相互作用进行检验后发现，贫困因素一定程度上降低了家庭医疗消费，特别是对于低保户家庭而言尤其明显。[⑥]

专家学者在民族地区的社会医疗保障制度上、社会医疗保障与贫困的相互影响上做了大量的深入研究，这些学者的研究为本课题提供了经验借鉴，具有深远的意义。而本书可能的创新之处在于，将社会医疗保障问题

---

① 赵曼. 中国医疗保险制度改革回顾与展望 [J]. 湖北社会科学，2009（7）：60-63.
② 周钦，刘国恩. 健康冲击：现行医疗保险制度究竟发挥了什么作用？[J]. 经济评论，2014（6）：78-90.
③ 朱新武，雷霆. 完善民族地区农村医疗保险制度的探讨 [J]. 新疆大学学报（哲学·人文社会科学版），2013（3）：60-64.
④ 马惠兰，段洪铸. 民族地区统筹城乡医疗保险宁夏模式研究 [J]. 中南民族大学学报（人文社会科学版），2015（5）：136-140.
⑤ 解垩. 医疗保险与城乡反贫困：1989~2006 [J]. 财经研究，2008（12）：68-83.
⑥ 胡宏伟，刘雅岚，张亚蒂. 医疗保险、贫困与家庭医疗消费——基于面板固定效应 Tobit 模型的估计 [J]. 山西财经大学学报，2012（4）：1-9.

放在当前精准扶贫的大背景下，针对民族贫困地区，运用贫困户建档立卡的数据进行实证分析，对如何提高社会医疗保障政策的瞄准精度，发挥其在减少"因病致贫"现象上的作用进行有益探索。

三、湖北恩施来凤县自然社会发展概况

（一）来凤县自然地理环境

来凤县隶属于恩施土家族苗族自治州，位于湖北的西南角，地理位置非常重要，素有"一脚踏三省（市）"和"湖北西大门"之称，来凤县在湖北省的地理位置如图1所示。在地形地貌上，来凤县总面积达到1 344平方公里，属于武陵山系东部延伸部分，地势西北高东南低，海拔800米以下的低山平坝占全县总面积的78%。在气候上，来凤县气候属于亚热带季风性湿润型山地气候，四季分明、雨热同期，受地势影响，又具有垂直差异明显的立体气候特征。① 具体见图1。

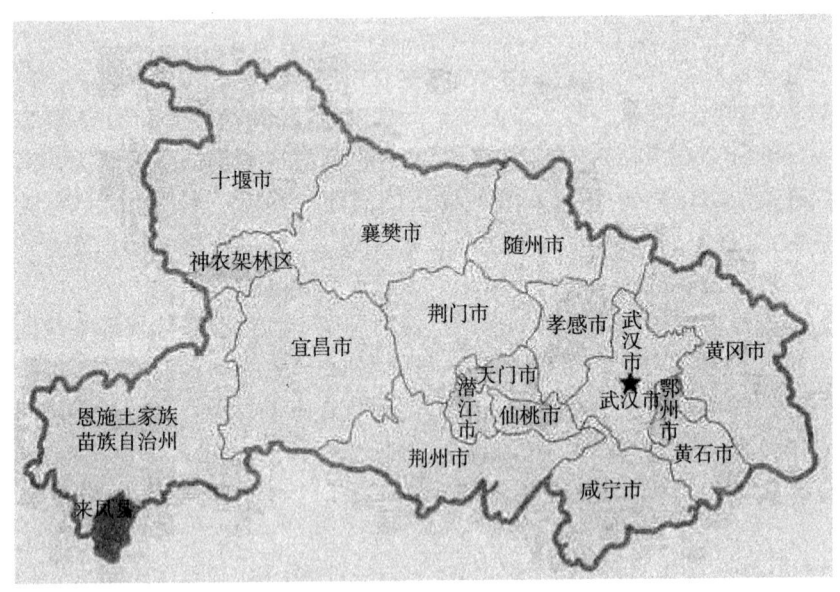

图1 来凤县地理位置示意图

---

① 来凤概况［EB/OL］．来凤县人民政府门户网站，http://www.laifeng.gov.cn/e/action/ShowInfo.php? classid = 20&id = 2679. 2015 - 02 - 10.

(二) 来凤县经济社会发展现状

1. 人口构成及行政区划

来凤县下辖四乡四镇，其县城位于翔凤镇，全县共有 185 个村，1 808 个村民小组。来凤县行政区划如图 2 所示。来凤县是一个多民族的聚居县，主要以土家族、苗族为主，少数民族人口占总人口达到 60% 以上。[①] 来凤县是全国第一个实行土家族民族区域自治的地方，当地传承着独具民族特色的摆手舞，享有"歌舞之乡"的美誉。2012 年，来凤县全县总人口为 32.26 万，其中农业人口达到 26.48 万，占全县总人口的 82%，农村劳动力 18.5 万，常年外出务工 7.2 万。[②] 具体见图 2。

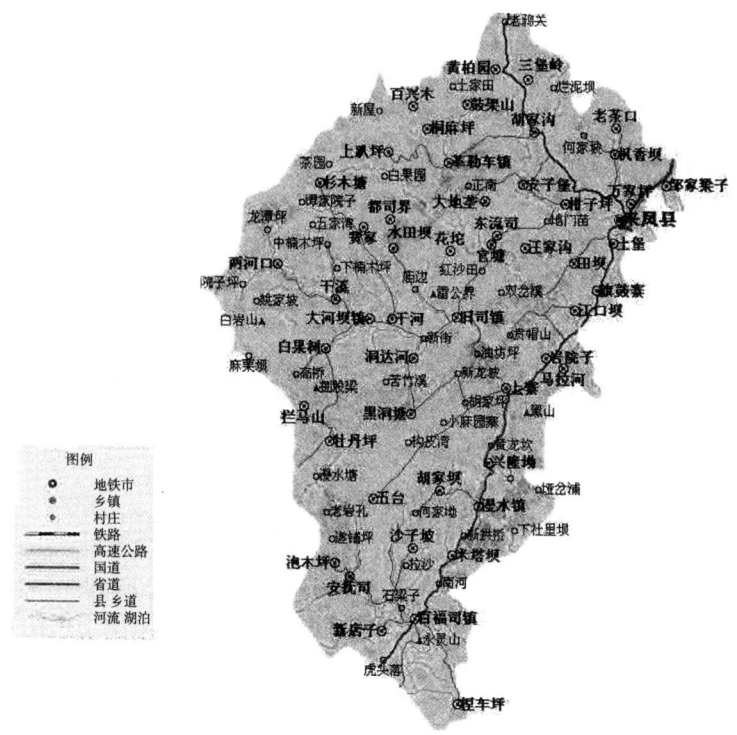

图 2　来凤县行政区划图

---

① 来凤县 [EB/OL]. 百度百科, http://baike.so.com/doc/5845338 - 6058174.html. 2016 - 03 - 28.
② 湖北省人民政府扶贫开发办公室. 来凤县贫困人口状况与动态监测机制调研报告 [EB/OL]. http://www.hbfp.gov.cn/xxgk/dcxj/1508.htm. 2012 - 07 - 06.

2. 社会经济发展现状

近年来,来凤县的经济发展取得了长足的进步,根据来凤县 2015 年政府工作报告,2014 年当地城镇居民人均可支配收入 18 218 元,同比增长 12.4%;农民人均纯收入 5 977 元,同比增长 16%,经济发展态势良好。①

但是,来凤县为国家级重点贫困县,属于武陵山连片特困地区,贫困现象较为严重,是典型的老、少、边、穷、区域性的贫困地区。按照 2010 年农村居民人均纯收入 2 300 元的扶贫标准,截至 2014 年 10 月,来凤县建档立卡的贫困人口达到 21 933 户 79 143 人②,贫困发生率为 24%,比全国平均水平高出了 16.8%(2014 年全国农村贫困人口贫困发生率为 7.2%③)。全县农民人均纯收入 5 977 元,仅相当于全国平均水平的 60.4%(2014 年农村居民人均纯收入 9 892 元④),由此可见,贫困人口数量大是来凤县经济社会发展的一大阻碍。

(三)特殊性归纳

通过以上分析,我们可以发现,来凤县具有三大特点:一是少数民族聚居地,少数民族人口比例较大。二是属于武陵山连片特困地区,经济发展水平严重滞后于全国以及湖北省的平均水平。三是农村地区,农业人口数量大,占全县总人口的 80% 以上。在这样的特殊背景下,我们以来凤县贫困户为主要研究对象,对促进社会医疗保障政策的精准扶贫进行深入探究。

四、湖北恩施来凤县社会医疗保障政策实施现状

(一)来凤县社会医疗保障政策主要构成

目前,来凤县个人的医疗费用主要由五个部分组成:一是自费费用;

---

① 2015 年政府工作报告 [EB/OL]. 来凤县人民政府门户网站, http://www.laifeng.gov.cn/gov/zwgk/gov_gzbg/2015-08-06/89089.html. 2015-02-06.
② 来凤县 2014 年贫困户建档立卡数据。
③ 2014 全国减贫目标超额完成共 1 232 万人脱贫 [EB/OL]. 荆楚扶贫网, http://hbfp.cnhubei.com/2015/0304/207009.shtml. 2015-03-04.
④ 2014 年我国农村贫困人口比上年减少 1 232 万人 [EB/OL]. 新华网, http://news.xinhuanet.com/politics/2015-02/26/c_1114447148.htm. 2015-02-26.

二是新型农村合作医疗补偿款；三是新型农村合作医疗大病保险补偿款；四是新型农村合作医疗大病患者医疗救助额；五是其他医疗救助额。这其中，第二、三、四项由农村合作医疗管理办公室进行管理，第五项由民政局进行管理，医疗费用的构成如下所示。

医疗费用＝自费＋新农合补偿款＋新农合大病保险补偿款＋新农合大病患者医疗救助额＋其他医疗救助额

1. 新型农村合作医疗补偿款[①]

根据来凤县人民政府办公室关于印发《来凤县2015年新型农村合作医疗统筹补偿实施方案》的通知，当地新型农村合作医疗补偿款主要包括门诊补偿和住院补偿两类。

（1）门诊补偿。分为一般门诊补偿和门诊重症补偿，其中门诊重症补偿总额控制在门诊基金的10%左右。

①一般门诊补偿比例：参加新型农村合作医疗的农民在县内定点医疗机构及外出务工人员在县外医疗机构发生的门诊费用按50%比例给予补偿。

②封顶线：参加新型农村合作医疗的农民发生的门诊费用补偿每日封顶线为村卫生室12元，其他医疗机构15元；年封顶线为300元。

（2）住院补偿。在住院补偿的费用中，针对不同的医疗机构设置不同的补偿起付线与补偿比例，纳入政策范围内的补偿比例如表1所示。农村五保户、低保户、重点优抚对象、独生子女户凭证件取消起付线。每人每年住院补偿费用封顶线为10万元。详见表1。

表1　　　　新型农村合作医疗住院补偿比例设置

医疗机构	纳入政策范围内的住院医疗费用	补偿比例（%）
乡（镇）卫生院	300元以上部分	85
县妇保院、县疾控中心、康复医院、仁信医院	400元＜医疗费用＜2 000元部分	65
	2 000元以上部分	75
县级定点医疗机构	500元＜医疗费用＜2 000元部分	65
	2 000元以上部分	75

---

① 来凤县卫生和计划生育局. 来凤县2015年新型农村合作医疗统筹补偿方案［EB/OL］. http：//www.laifeng.gov.cn/wjj/ylhz/2015-04-13/84872.html. 2015-04-13.

续表

医疗机构	纳入政策范围内的住院医疗费用	补偿比例（%）
州级定点医疗机构	1 000 元＜医疗费用＜5 000 元部分	45
	5 000 元＜医疗费用＜20 000 元部分	55
	20 000 元以上部分	65
省级定点医疗机构	2 000 元＜医疗费用＜5 000 元部分	45
	5 000 元＜医疗费用＜20 000 元部分	50
	20 000 元以上部分	60

州外省内定点医疗机构非正常程序转诊的及省外公立医疗机构就医的按照同级别定点医疗机构补偿标准的 70% 报销医疗费用，且执行 30% 保底补偿，其补偿金必须通过农村居民惠农"一本通"存折（或卡）转账支付。州内定点医疗机构非正常转诊住院患者在相应级别医疗机构补偿政策基础上降低 10% 予以现场补偿但不予保底。

2. 新农合大病保险补偿款[①]

2013 年，来凤县从新型农村合作医疗基金中拿出一部分为所有的参合农民在商业保险公司办理了大病保险，当年参合农民年内个人自负合规费用累计超过 8 000 元的部分，可以再次得到新农合大病保险补偿。新农合大病保险最高支付限额为 50 万元，在最高限额内，来凤县依据"按比例分段报销，由低到高，累进补偿"的原则进行大病保险赔付。

3. 新农合大病患者医疗救助额[②]

根据《来凤县农村大病患者医疗救助实施方案（试行）》，大病患者医疗救助额主要是针对上年度住院累计发生的医疗总费用经新农合、大病保险和其他医疗救助补偿后仍需自付的医疗费用进行再次救助，使其合规医疗费用综合报销比例达到 85%、自费"不合规"医疗费用补助 30%。

（1）农村大病患者合规自付医疗费用救助起付线以上部分综合补偿比例达到 85%。

计算公式：医疗救助额 = {（住院合规费用 − 8 000 元）× 85% − 新农

[①] 来凤启动新农合大病保险即时结报 [EB/OL]. 来凤县人民政府门户网站，http://www.laifeng.gov.cn/gov/zwgk/govdt/2013 − 11 − 18/4251a4ec87f4a2e628be2dc87dbdd20e.html. 2013 − 11 − 18.
[②] 来凤县农村大病患者医疗救助实施方案（试行）.

合补偿额-新农合大病保险补偿额-其他医疗救助额]。

（2）农村大病患者不合规自费医疗费用按30%的标准进行补偿。将救助起付线部分（合规自付8 000元）纳入"不合规自费医疗费用"救助范围。

计算公式：医疗救助额=（住院总费用-住院合规费用+8 000）×30%。

4. 其他医疗救助额[①]

其他医疗救助额以民政局的特困群众大病医疗救助为主，是为了保障贫困群众享受基本医疗卫生服务的一项惠民政策，其针对不同群体的给付标准如表2所示。

表2　　　　　　　　医疗救助额的给付标准

救助对象	救助比例（%）	首期救助限额（元）	全年救助总限额（元）
农村五保、城镇"三无"人员、孤儿	70	5 000	8 000
城乡低保、贫困优抚对象	50	5 000	8 000
经县人民政府批准的其他特殊救助对象	30	4 000	8 000

（二）来凤县社会医疗保障政策实施成效及不足

1. 来凤县社会医疗保障政策实施成效

（1）社会医疗保障覆盖面不断扩大。截至2014年，来凤县共有各级各类医疗卫生机构224个，卫生技术人员1 669人，病床床位1 484张，就医条件得到明显改善。全县农民参合率达99.4%，政策范围内补偿比例达75%[②]，社会医疗保障的覆盖面不断扩大。

（2）有效遏制了重大疾病家庭因病致贫的趋势。截至2014年，来凤县大病救助累计1 099人，通过救助资金的发放，652户家庭及时实现

---

① 来凤县民政局．城乡特困群众大病医疗救助［EB/OL］．http：//www.laifeng.gov.cn/lfmzj/qlfwsx/2013-11-25/62102.html．2013-11-25．
② 2014年来凤县国民经济和社会发展统计公报［EB/OL］．来凤县人民政府门户网站，http：//www.laifeng.gov.cn/gov/zwgk/tjgb/2015-08-07/89111.html．2015-03-01．

了脱贫，有效遏制了重大疾病家庭因病致贫的趋势。通过实施大病救助等措施，减轻了困难家庭的医疗负担，同时也增强了农民脱贫致富的信心。

2. 来凤县社会医疗保障政策存在的问题

（1）保障水平有限。虽然来凤县的社会医疗保障政策覆盖面较广，但受当地经济发展水平的限制，其保障水平依旧不高，导致"因病致贫"的现象依旧层出不穷。在实现社会医疗保障政策全覆盖的背景下，如何提高来凤县的医疗保障水平，减轻农民医疗经济负担，是当地政府需要思考的一大问题。

（2）统筹层次较低。对于来凤县而言，当地存在着大量的外出务工人员，而较低的统筹层次不利于保障功能的发挥。提高社会医疗保障的统筹层次，推进城乡医疗保险制度的统筹发展，对于医疗保险保障功能的发挥具有重要意义。

（3）医疗服务水平有待提高。调查显示，来凤县人民医院和民族医院两所县级医院与州内同类医院相比，在业务收入、出院人数、固定资产等方面排名都靠后，在每门诊人次负担、每出院者负担等方面则靠前。这就说明当地医疗卫生工作存在人才队伍素质偏低、投入不足、服务能力较差和中心医院管理不力等问题，医疗卫生服务水平还有待提高。

五、不同类型贫困户在社会医疗保障上的受益比较

（一）数据来源说明

本研究数据样本来源于湖北恩施土家族苗族自治州来凤县扶贫办精准扶贫建档立卡信息表，数据录入时间为 2014 年 10 月。本数据覆盖了来凤县 8 个镇共计 21 933 户贫困户的相关信息。

根据该建档立卡数据，按照致贫原因（多选）对其进行统计后发现，因病致贫在所有致贫原因中居于首位，共计 11 482 户贫困户存在因病致贫的现象。该县贫困户的致贫原因排序如图 3 所示。

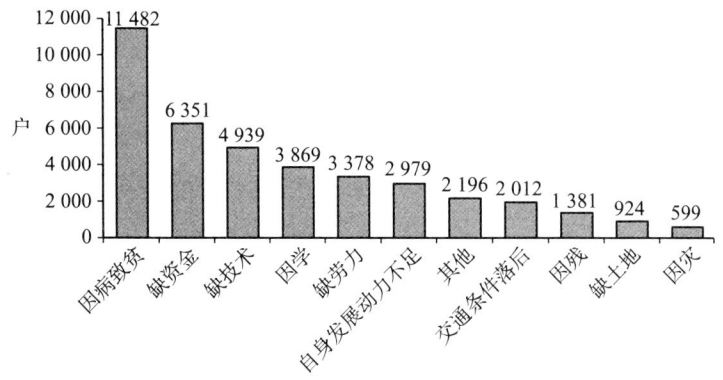

图 3　贫困户的致贫原因比较

（二）不同属性的贫困户在社会医疗保障上的受益比较

根据建档立卡中"贫困户属性"一栏，将所有贫困户分为扶贫户、低保户、扶贫低保户、五保户四类，通过对不同属性的贫困户在社会医疗保障上的受益进行比较，探究社会医疗保障政策是否真正帮助到了最需要的贫困户。F 检验值是方差分析中检验不同类型贫困户的社会医疗保障受益是否有差异的统计量，对应的检验概率是显著概率，当其小于 0.1 时，则认为不同类型贫困户的受益存在差异。

1. 相关概念界定

（1）扶贫户：家庭年人均纯收入低于国家农村扶贫标准（2011 年国家扶贫标准 2 300 元/年），有劳动能力的农户。

（2）低保户：指家庭年人均纯收入低于当地最低生活保障标准的农户（来凤县农村最低生活保障标准 1 900 元/年[①]），主要包括因病残、年老体弱、丧失劳动能力等原因造成生活常年困难的农户。

（3）扶贫低保户：有劳动能力和劳动意愿的低保户。

（4）五保户：主要包括无法定抚养义务人，无劳动能力，无生活来源的老年人、残疾人和未成年人。[②]

[①] 2014 年来凤县国民经济和社会发展统计公报［EB/OL］. 来凤县人民政府门户网站，http://www.laifeng.gov.cn/gov/zwgk/tjgb/2015-08-07/89111.html. 2015-03-01.

[②] 湖北省人民政府扶贫开发办公室．湖北省扶贫开发政策宣传［EB/OL］. http://www.hbfp.gov.cn/zwdt/tzgg/11344.htm. 2013-10-11.

2. 研究假定

结合相关政策文件对农户属性的定义，我们从收入水平和劳动力数量两个方面来衡量不同属性的贫困户的生活现状。收入水平较低意味着农户在就医时的偿付能力较低，而一个家庭中劳动力数量越少，则表明该家庭中小孩、老人、重病、残疾的人口居多，导致其对医疗服务的需求度越高，而对于收入水平较低，又缺少劳动能力的农户而言，其需要社会医疗保障补偿的数量就越高。由此来看，首先，五保户和低保户的情况最差，其收入水平较低，同时缺少劳动力，因此我们推测其在社会医疗保障上的需求更高，更加需要通过相关医疗补贴政策来解决医疗费用的问题。其次，扶贫低保户的情况居中，其收入水平虽然低于一般扶贫户，但相对低保户而言，其具备劳动能力。最后，扶贫户的情况较好，其收入水平相对更高，同时具有劳动能力。因此，在对社会医疗保障的需求度上，我们可以推测：扶贫户＜扶贫低保户＜低保户、五保户。

3. 数据结果分析

根据表3，四种类型的贫困户在新农合报销医疗费、医疗救助金上具有显著差异。其中，在新农合报销医疗费上，扶贫低保户＞低保户＞扶贫户＞五保户，这不完全符合之前的假定。大部分新农合资金流向了扶贫低保户，却忽视了不具备劳动能力的低保户和五保户，说明新农合资金在瞄准机制上还有待进一步完善。在医疗救助金上，扶贫低保户的资金虽略高于低保户，但二者相差并不大，五保户得到的救助资金最多，扶贫户最少，基本符合之前的假定。

表3　　　　不同属性的贫困户在社会医疗保障上的受益比较

	扶贫户	扶贫低保户	低保户	五保户	F检验值	显著概率
新农合报销医疗费	169.30	457.85	240.43	136.72	35.032 ***	0.000
医疗救助金	48.65	88.70	80.07	117.94	4.245 ***	0.005
户数	14 320	5 544	1 927	142	/	/
占比	65.11%	25.21%	8.76%	0.65%	/	/

注：*** 表明在0.01水平下显著。

（三）不同致贫原因的贫困户在社会医疗保障上的受益比较

因病致贫在来凤县是一个普遍存在的现象。我们根据建档立卡数据中致贫原因是否包含因病致贫将所有贫困户分为两类，对其在社会医疗保障上的收益进行比较，以探究社会医疗保障政策是否真正帮助到了因病致贫的农户。

1. 研究假定

因病致贫的贫困户在社会医疗保障上的需求比非因病致贫的贫困户要高。

2. 数据结果分析

根据表4，因病致贫和非因病致贫的贫困户在新农合报销医疗费、医疗救助金上具有显著差异。结果显示，因病致贫的贫困户在新农合报销医疗费、医疗救助金两个方面都要远高于非因病致贫的贫困户，这说明社会医疗保障政策瞄准具有一定精度，一定程度上发挥了其对因病致贫群体的社会保障作用。

表4　　不同致贫原因的贫困户在社会医疗保障上的受益比较

	因病致贫	非因病致贫	F检验值	显著概率
新农合报销医疗费	390.18	92.37	152.721***	0.000
医疗救助金	81.03	41.05	14.689***	0.000
户数	10 451	11 482	/	/
占比	47.52%	52.21%	/	/

注：*** 表明在0.01水平下显著。

（四）外出务工、非外出务工贫困户在社会医疗保障上的受益比较

来凤县的大量人口选择外出务工谋生，外出务工人口在所有贫困户中的比例接近70%。为了进一步探究外出务工群体在社会医疗保障上的受益水平，我们根据建档立卡中的相关数据进行分析比较。

1. 研究假定

外出务工群体由于长期在外工作，并且大多从事重体力劳动，身体健康出现问题的可能性更大，因此可以推测，外出务工群体在社会医疗保障上的需求应该比非外出务工的贫困户要高。

2. 数据结果分析

根据表 5，外出务工和非外出务工的贫困户在新农合报销医疗费上具有显著差异，在医疗救助金上差异不显著。在新农合报销医疗费上，外出务工明显比非外出务工的贫困户更低，这与假定不符。可能的解释是，外出务工人员由于在外地的流动性较强、异地报销手续较复杂等原因，难以通过新型农村合作医疗进行医药费用的报销。

表 5 外出务工、非外出务工贫困户在社会医疗保障上的受益比较

	外出务工	非外出务工	F 检验值	显著概率
新农合报销医疗费	225.73	299.16	7.866***	0.005
医疗救助金	61.69	62.64	0.007	0.933
户数	15 199	6 734	/	/
占比	69.11%	30.62%	/	/

注：*** 表明在 0.01 水平下显著。

六、促进来凤县社会医疗保障精准扶贫的政策建议

通过对不同类型贫困户在社会医疗保障上的受益进行比较后，我们发现因病致贫的贫困户在社会医疗保障上的受益明显高于非因病致贫的贫困户，表明来凤县的社会医疗保障政策瞄准具有一定精度，但是，对于缺少劳动能力的五保户、低保户以及长期外出务工人员，社会医疗保障政策还需要加大对这些群体的帮扶力度。对于如何促进来凤县社会医疗保障的精准扶贫，我们提出以下建议：

（一）提高社会医疗保障的水平，减少因病致贫现象的发生

在来凤县的 21 993 户建党立卡的贫困户中，共计有 10 451 户农户存在因病致贫的现象。究其深层次原因，社会医疗保障制度的不完善、有限的报销补偿额度导致部分农户因高昂的医疗费用而陷入贫困。虽然在 2015 年，来凤县就将个人年度住院补偿费用封顶线由 2013 年的 8 万元提高到了 10 万元，但是受到当地经济发展水平的限制，社会医疗保障的水平依旧不高，因病致贫仍是导致农户贫困的重要原因。因此，针对这一现实情况，来凤县应该继续提高基本医疗保险报销比例，提高医院的医疗服务质

量,完善大病保险与医疗救助政策,减轻当地贫困户就医的经济负担。

(二) 关注特殊群体的就医权利,努力实现贫困户的精准脱贫

精准扶贫需要首先做到精准识别,从而针对不同类型的贫困户采取不同的扶持政策。在所有贫困户中,存在部分特殊困难群体,其对社会医疗保障的需求更高,应成为社会医疗保障重点关注的对象。

1. 低保户、五保户等缺少劳动能力的农户

数据结果显示,低保户、五保户在新农合报销医疗费用上低于扶贫低保户,表明新农合资金在瞄准机制上还不够准确,社会医疗保障政策应该加大向低保户和五保户的倾斜。低保户和五保户的收入水平较低,甚至没有稳定的收入来源。另外,其家庭中缺少劳动力,以老人、小孩、残疾人为主,这些群体对社会医疗保障的需求相对于普通家庭而言更高,因此应该成为社会医疗保障的重点关注对象。

2. 长期外出务工人员

数据显示,外出务工人员在新农合报销医疗费上明显比非外出务工的贫困户更低。而外出务工人员长期在外工作,身体健康可能产生的问题相对较多,但其报销的医疗费用反而较少。可以推测的是,外出务工人员在医疗费用的报销上遇到了一定的问题。来凤县新农合政策中规定:外出务工人员在县外非营利性医疗机构治疗后回县合管办报销时需要提供住院资料(诊断证明、出院小结、住院发票原件、费用清单)、个人资料(身份证合作医疗卡、一本通存折复印件、外伤患者还需提供受伤所在地村或公安机关出具的外伤情况证明、住院分娩报销还需提供准生证)。[1] 这样复杂繁琐的规定给外出务工人员的医药费用报销带来了一定的难度,许多外出务工人员面对这样复杂的程序而放弃报销,令社会医疗保障的效用大打折扣。针对这样的问题,来凤县应该简化外出务工人员的报销手续,减少不必要的证明材料,便于外出务工人员的报销。另外,来凤县可以积极探索在外出务工人员集中地设立新农合驻外服务部,对异地就业的参保人员进行资格审查,灵活解决外出务工人员的就医问题。

---

[1] 来凤县卫生和计划生育局. 来凤县 2015 年新农合须知 [EB/OL]. http://www.laifeng.gov.cn/wjj/ylhz/2015-04-13/84873.html. 2015-04-13.

(三) 加强网络信息平台建设，促进各项制度与社会医疗保障政策的衔接

一方面，由于城乡低保、医疗救助、就业援助等分属不同部门承担，对于相当一部分弱势群体而言，其往往需要不止一项的社会保障政策的救助，因此需要通过多个部门来获得帮助，但由于部门之间的政策衔接不畅等问题，给贫困户带来了极大的不便，来凤县应积极加强网络信息平台建设，促进各项政策与社会医疗保障的政策衔接。另一方面，来凤县应推进医疗救助制度的统筹发展，加强与基本医疗保险、大病保险、疾病应急救助及各类补充商业保险等制度的有效衔接，形成制度合力，从而推动医疗保险制度的完善。

参 考 文 献

［1］申曙光，侯小娟. 我国社会医疗保险制度的"碎片化"与制度整合目标 ［J］. 广东社会科学，2012 (3)：19－25.

［2］赵曼. 中国医疗保险制度改革回顾与展望 ［J］. 湖北社会科学，2009 (7)：60－63.

［3］白重恩，李宏彬，吴斌珍. 医疗保险与消费：来自新型农村合作医疗的证据 ［J］. 经济研究，2012 (2)：41－53.

［4］解垩. 医疗保险与城乡反贫困：1989～2006 ［J］. 财经研究，2008 (12)：68－83.

［5］徐强. 基本医疗保险制度的公众满意度及影响因素——基于全国4个省份1 600余份问卷的实证研究 ［J］. 保险研究，2012 (12)：116－123.

［6］朱波，周卓儒. 人口老龄化与医疗保险制度：中国的经验与教训 ［J］. 保险研究，2010 (1)：27－35.

［7］朱新武，雷霆. 完善民族地区农村医疗保险制度的探讨 ［J］. 新疆大学学报 (哲学·人文社会科学版)，2013 (3)：60－64.

［8］马惠兰，段洪铸. 民族地区统筹城乡医疗保险宁夏模式研究 ［J］. 中南民族大学学报 (人文社会科学版)，2015 (5)：136－140.

［9］潘杰，雷晓燕，刘国恩. 医疗保险促进健康吗？——基于中国城镇居民基本医疗保险的实证分析 ［J］. 经济研究，2013 (4)：130－142＋156.

[10] 胡宏伟,刘雅岚,张亚蓉.医疗保险、贫困与家庭医疗消费——基于面板固定效应 Tobit 模型的估计 [J].山西财经大学学报,2012 (4):1-9.

[11] 邓希.民族地区整村推进扶贫模式浅析——以湖北来凤县为例 [J].民族论坛,2014 (10):83-87.

[12] 程芳.新农村建设背景下民族地区农村合作医疗的困境与出路 [D].武汉:中南民族大学,2009.

[13] 罗桂华.农村人口流动对新型农村合作医疗制度影响的研究 [D].武汉:华中科技大学,2007.

[14] 龚文海.农民工医疗保险:模式比较与制度创新——基于 11 个城市的政策考察 [J].人口研究,2009 (4):92-98.

[15] 肖诗顺.贫困地区新型农村合作医疗保险需求与制度创新研究 [D].重庆:西南大学,2008.

[16] 于垲.城市医疗救助与城镇居民基本医疗保险衔接政策研究 [D].南京:南京大学,2011.

[17] 徐艳娇.来凤县农村初级中学课外体育活动开展现状的调查研究 [D].武汉:华中师范大学,2014.

[18] 王云竹.中国基本医疗保障制度研究 [D].上海:复旦大学,2007.

[19] 刘子操.城市化进程中的农村社会保障问题研究 [D].大连:东北财经大学,2007.

[20] 邹超.农民工医疗保险的问题及对策研究 [D].重庆:重庆大学,2009.

[21] 2014 年来凤县国民经济和社会发展统计公报 [EB/OL].来凤县人民政府门户网站,http://www.laifeng.gov.cn/gov/zwgk/tjgb/2015-08-07/89111.html.2015-03-01.

家庭生命周期对农户贫困影响及建议对策的调研报告

——基于湖北恩施市的调查

李 贝　李海鹏

一、引言

改革开放以来，我国反贫困工作取得了卓越成效，农村居民贫困发生率和贫困人口规模分别由 1978 年的 97.5% 和 7.7 亿降至 2014 年的 7.2% 和 7 017 万[①]。但不容忽视的是，我国的绝对贫困人口数量仍仅次于印度而居世界第二位，截至目前仍有数千万人急需脱贫，这与党的十八大提出的 2020 年全面建成小康社会的目标还存在较大距离。为此，在 2014 年 1 月 25 日中共中央办公厅、国务院办公厅印发的《关于创新机制扎实推进农村扶贫开发工作的意见》中，明确提出了"精准扶贫"工作机制，即将扶贫对象精准到户，以农户为单位进行减贫。而在 2015 年 6 月，中共中央总书记、国家主席、中央军委主席习近平在贵州调研期间专门主持召开的涉及武陵山、乌蒙山、滇桂黔集中连片特困地区扶贫攻坚的座谈会上也明确强调，"十三五"时期是确定的全面建成小康社会的时间节点，全面建成小康社会最艰巨、最繁重的任务在农村，特别是在贫困地区。各级党委和政府要把握时间节点，努力补齐短板，科学谋划好"十三五"时期扶贫开发工作，确保贫困人口到 2020 年如期脱贫。在这一背景之下，进一步明确贫困农户的致贫因素、科学构建切实科学的扶贫政策就显得尤为重要。

以往对贫困问题的探索主要着眼于宏观政策设计，对微观农户关注较少，或者只考察了户主个人及其家庭现状对其贫困所产生的影响，而忽视

[①] 张为民. 脱贫步伐加快，扶贫成效显著，我国贫困人口大幅减少. http://www.gov.cn/xinwen/2015-10/16/content_2947941.htm.

了家庭生命周期这一重要变量。事实上，一个家庭在不同发展阶段各方面的特质都会有所差异，比如看问题的方式、相关决策的制定、自身劳动能力等，这些因素的客观存在显然会导致各个家庭的致贫因素存在区别。已有研究表明，家庭生命周期对农户经济状况和家庭决策模式、对农村劳动力转移、对农业科学技术的采纳应用都能产生显著影响，而家庭决策是否科学、农村剩余劳动力是否顺利转移、农业科学技术是否完全采纳又可以影响一个家庭的经济状况，在一定程度上决定其是否会陷入贫困状态。由此可见，探索家庭生命周期的变化对农户贫困的影响无疑有助于最终贫困问题的全面解决。鉴于很多民族地区是我国农村贫困的高发区，且呈现出集中连片的特性，为此，本课题组于 2015 年 7~8 月奔赴湖北省恩施州恩施市，通过走访大量当地农户，围绕家庭生命周期的变化对民族地区贫困影响这一选题展开了实地调查，通过该项工作的实施，以期为快速推进集中连片特困民族地区农民的脱贫致富工作提供相应的参考与对策。

二、调查对象的选取

恩施市是恩施土家族苗族自治州的州政府所在地，是全州的政治、经济、文化中心和交通枢纽。从地理区位来看，位于湖北省西南部，武陵山北部。东邻建始、鹤峰，西界利川、咸丰县，南连宣恩，北接重庆奉节。东西宽 86.5 千米，南北长 90.2 千米，总面积 3 972 平方千米，下辖 16 个乡镇和街道办事处，其中，市人民政府位于小渡船街道。人口构成上，土家族、苗族、侗族等少数民族约占 40%。恩施市属中亚热带季风型山地湿润性气候。由于北部的大巴山和巫山的天然屏障作用，大大削减了南侵冷空气势力，气候随着地形的垂直变化，影响光、热、水的再分配，一般是雨热同季，夏季多冬季少。全年雨量充沛，山体宏大，河谷深切，境内主要干流清江，发源于利川齐岳山。恩施市地貌基本特征是阶梯状地貌，域内喀斯特地形地貌发育完善。由于受新构造运动间歇活动的影响，大面积隆起成山，局部断陷，沉积形成多级夷面与山间河谷断陷盆地。恩施市境内自然资源丰富，主要有煤、铁、硫、水晶石等矿产，农业主产有玉米、水稻、红薯、小麦等，经济作物以桐、茶、漆、麻著名。珍贵树种有穗花杉、珙桐、水杉等，产党参、当归、天麻等 100 多种药材。土特产有玉露茶、板桥党参、石窑当归、紫油厚朴、香菌、中华猕猴桃。

目前，恩施市仍为国家级贫困县，根据该市扶贫办提供的数据显示，

172 个行政村中包含重点贫困村 145 个，占比高达 84.3%；截至 2014 年底，恩施市建档立卡的农村贫困户人口仍有 14.6 万人，占全市农村人口的 24.3%，其中相对贫困户和特别贫困户在贫困人口中占比 36.57%，脱贫难度大。恩施市通达工程比例为 82%，通畅工程比例为 35%，全市还有 10% 以上偏远农村不通公路。至 2014 年底，全市还有 6.9 万人未解决安全饮水难题，农村局部地区低电压和供电卡口问题仍然突出。按照"789"的脱贫奔小康时间节点，恩施市制定了"721"的脱贫进度任务，即到 2017 年底，全市脱贫人数要达到 70%、8.12 万人；2018 年减贫 20%、2.32 万人，2019 年减贫余下的 10%、1.16 万人，再通过一年的巩固提高，于 2020 年与全国同步进入全面小康。即从 2015 年开始，每年要减贫 2.32 万人，每月减贫 1 917 人，每天减贫 64 人，到 2020 年全面完成减贫任务。鉴于恩施市是武陵山区集中连片特困地区的重要组成部分，选择其作为调查分析对象具有较强的普遍指导意义，相关结论的获取可为其他民族地区发展提供借鉴意义。

三、家庭生命周期的内涵及其阶段划分

家庭生命周期最初由外国学者朗特（Rowntree）提出，用于解释贫困产生的原因。此后，格里克（Glick）将家庭生命周期分为形成、扩张、扩张结束、萎缩、萎缩完成、解体六个阶段，其模型虽然受到不少批评，但迄今为止仍然是家庭生命周期研究的基础，后续研究多是在此基础上进行修正与完善，如罗杰斯（Rodgers）提出的家庭生命周期十阶段论、杜瓦尔（Duvall，1988）的家庭生命周期八个阶段论等，都是将家庭生命周期看作个人生命历程，认为家庭在不同阶段扮演不同的角色，也面临不同的使命和危机。不过，鉴于中西方文化的差异，国外学者建立的家庭生命周期模型并不符合中国的实际情况，更不符合中国农村的现实状况。首先，在中国农村，新婚夫妇几乎不单独立户，而是与父母同住一段时间，当他们与父母分家、单独立户之后才意味着一个新家庭的组建。其次，当夫妻生育小孩之后，通常都会有夫妻双方或单方的父母与其同住以便照顾小孩。再次，在中国农村"数世同堂"的情况并不少见，并且由于在中国实行了多年的"计划生育"政策，中国家庭的小孩普遍为 1~2 个，因此中国农村家庭与国外家庭的扩展期显然大相径庭，就这方面来说，格里克的家庭生命周期模型对中国农村家庭的解释能力是有限的。基于格里克、

罗杰斯等学者的研究结论，结合中国农村现实状况，本书将中国农村的家庭生命周期重新划分为6个阶段：第一阶段是年轻夫妇家庭，该阶段年轻夫妇已与父母析产分家，单独立户，但尚未生育子女。第二阶段是标准核心家庭，即夫妇已经生育子女但子女尚未成年。第三阶段为成熟核心家庭，此时长子女已成年，但并未成家。第四阶段为扩大核心家庭，此时子女已成家，家庭成员由夫妻、子女、儿媳（女婿）、（外）孙子女组成，若结婚并未生育小孩，则归为成熟核心家庭。第五阶段为衰退家庭，即已成家的子女与父母析产分家，年迈夫妻独住。第六阶段是老年丧偶，成员仅剩孤寡老人，此阶段称为萎缩家庭。需要说明的是，农村地区会出现未成年子女与祖父母同住、单亲父母与未婚子女同住的情况，这类家庭偏少，将其归为其他类。具体见表1。

表1　　　　　　　　　农户家庭生命周期划分

阶段	标志性事件	家庭基本成员
Ⅰ	年轻夫妻尚未生育	年轻夫妻
Ⅱ	夫妇生育子女且长子女尚未成年	夫妻、未成年子女
Ⅲ	长子女成年未成家	夫妻、子女
Ⅳ	长子女成家	夫妻、子女及配偶、孙子女
Ⅴ	分家	年迈夫妻
Ⅵ	丧偶	孤寡老人

四、调查内容与样本基本情况

（一）基于生命周期视角的样本家庭阶段划分

本次调查内容主要涉及当地农户家庭的基本构成、家庭生命周期现状、收入水平及其来源、农地经营情况等。实际调研过程中采用的是随机抽样法，一共发放问卷845份，最终获取有效问卷822份。接下来，对样本数据进行描述性统计分析，其结果详见表2和表3。其中，由表2可知，样本农户家庭大多数属于成熟核心家庭（27.98%）、扩大核心家庭（28.47%）、衰退家庭（18.73%）和萎缩家庭（13.38%），而年轻夫妇家庭、标准核心家庭所占比例相对较少。为此，接下来将主要考察家庭数量较多的四类家庭的贫困问题及其主要影响因素。具体见表2。

表 2　　　　　　　　　家庭生命周期各个阶段的家庭构成情况

阶段	年轻夫妇家庭	标准核心家庭	成熟核心家庭	扩大核心家庭	衰退家庭	萎缩家庭	其他
频率	10	72	230	234	154	110	12
百分比（%）	1.22	8.76	27.98	28.47	18.73	13.38	1.46

通过表 3 不难发现，在家庭生命周期的不同阶段，样本农户家庭的基本特征同中有异。相同方面主要表现在户主的性别构成上，均以男性为主，其中以成熟核心家庭所占比重最高。不同方面，一是户主文化程度存在一定差距，衰退家庭与萎缩家庭户主的学历构成均局限于初中及以下；二是成熟核心家庭和扩大核心家庭的户主从事兼业活动的时间要明显多过另外两类家庭；三是家庭劳动力数量差异较大，成熟核心家庭和扩大核心家庭明显占据优势；四是衰退家庭和萎缩家庭的人均耕地面积要明显多于另外两类家庭，但同时均无未成年子女。具体见表 3。

表 3　　　　　　　　　　　　样本统计特征

阶段	变量	最小值	最大值	均值	标准差	阶段	变量	最小值	最大值	均值	标准差
成熟核心家庭	性别	0	1	0.97	0.18	衰退家庭	性别	0	1	0.95	0.22
	年龄	25	77	53.76	9.16		年龄	46	91	68.57	8.59
	文化程度	1	3	1.51	0.57		文化程度	1	2	1.18	0.39
	兼业时间	0	3	1.72	1.44		兼业时间	0	3	0.31	0.92
	家庭劳动力数量	0	5	2.05	0.97		家庭劳动力数量	0	4	0.73	1.02
	人均耕地面积	0	2	0.75	0.41		人均耕地面积	0	6	1.63	0.91
	未成年子女数量	0	2	1.41	0.59		未成年子女数量	0	0	0.00	0.00
扩大核心家庭	性别	0	1	0.91	0.29	萎缩家庭	性别	0	1	0.75	0.44
	年龄	35	81	56.86	11.86		年龄	51	95	69.36	8.67
	文化程度	1	3	1.45	0.52		文化程度	1	2	1.16	0.37
	兼业时间	0	3	1.34	1.44		兼业时间	0	3	0.80	1.32
	家庭劳动力数量	0	5	1.89	0.94		家庭劳动力数量	0	3	0.55	0.77
	人均耕地面积	0	3	0.74	0.39		人均耕地面积	0	10	2.14	1.55
	未成年子女数量	0	3	1.33	0.57		未成年子女数量	0	0	0.00	0.00

注：性别用 0 和 1 进行区分，0 代表女性，1 代表男性；文化程度赋值如下：识字很少或小学 =1；初中 =2；高中（中专 =3）；大专及以上 =4。

(二) 贫困农户的划分标准及现状

关于贫困的认定，不同国家和地区均有其划分标准。比如，在早些年世界银行制定的贫困标准是每人每天的生活支出低于 1.25 美元；2015 年 10 月，世界银行将这一国际贫困线正式修订为按照 2011 年购买力平价（PPP）每天 1.9 美元。而我国考虑到自身发展现状及实际购买力水平，在借鉴世界银行贫困线的基础上制定了相关标准。在早期，1 274 元为贫困标准线，即年人均纯收入低于 1 274 元的农户为贫困家庭。而在 2011 年 11 月 29 日召开的中央扶贫开发工作会上，该标准由过去的 1 274 元提高至 2 300 元，即中央将农民年人均纯收入 2 300 元作为新的贫困线。本文分析也将人均纯收入 2 300 元作为判断一个家庭贫困与否的依据。统计分析显示（见表4），在现行划分标准下，受访地区仍有高达 27.20% 的农户家庭处于贫困状态，这一比重与恩施市建档立卡的农村贫困户人口比重（24.3%）相比差异不大，由此表明数据来源较为科学。具体而言，萎缩家庭组贫困率最高，陷入贫困的家庭占比高达 35.45%；衰退家庭组和扩大核心家庭组紧随其后，其贫困比重分别为 31.17% 和 25.21%；相较而言，成熟核心家庭组情况略好，其贫困率只有 22.61%。具体见表4。

表 4 受访农户贫困现状

阶段	成熟核心家庭	扩大核心家庭	衰退家庭	萎缩家庭	合计
家庭总数（户）	230	234	154	110	728
贫困家庭（户）	52	59	48	39	198
贫困率（%）	22.61	25.21	31.17	35.45	27.20

五、家庭生命周期变化对民族地区贫困的影响

（一）方法及主要变量的选择

为了分析家庭生命周期对农户贫困的影响，本文将构建一个关于农户是否贫困的模型。农户家庭是否贫困（y）为一个二元分类变量，将选择二元 Logistic 回归模型来分析。同时，结合农户贫困的一般发生机理，拟从户主和家庭两个层面确定致贫因素。其中，户主层面，主要考虑能影响农民科学决策或者收入水平的几类因素，包括性别、年龄、文化程度和兼

业时间。家庭层面，主要从三个方面进行考察：一是人力资本与农业生产因素，它们能影响一个家庭的收入水平，具体包括劳动力数量、人均耕地面积、交通通达度以及是否参与农民专业合作社；二是家庭纯消费因素，包括未成年子女数量、是否遭受重大疾病或伤残。另外，将家庭生命周期类型作为控制因素考察其是否会对民族地区贫困问题产生影响。

（二）主要结论

在纳入家庭生命周期因素之后，对应模型也通过了显著性检验，从中可以获取结论：

（1）户主文化程度越低，其家庭陷入贫困的可能性越大。统计分析结果也印证了这一点，户主学历为高中（含中专）、初中、小学及以下时，其家庭处于贫困状态的比例依次为 0、20.40% 和 30.77%，明显随着文化程度的下降而上升。可能的原因是，户主的文化程度越低，其接受各类新知识的能力、所掌握的技术水平均相对有限，由此不利于其农业生产决策的科学化，即使外出务工也以从事收入水平较低的普通工种为主。

（2）户主从事其他兼业工作的时间越短，其家庭遭受贫困的可能性越大。统计结果表明，当户主外出兼业时间为 6~12 个月、3~6 个月、0~3 个月、0 个月时，其家庭呈现贫困状态的比重依次为 14.51%、30.77%、34.61% 和 34.54%，基本随着兼业时间的减少而增加，但并未呈现出完全的负相关，究其原因，主要在于兼业时间 0~3 个月的农户数量较少，仅有 26 户，其代表性受到了影响。与农业生产相比，从事兼业活动所能获取的收入普遍要高一些，从而客观降低了家庭贫困发生的概率。

（3）农户人均耕地面积越少，其家庭处于贫困状态的概率越大。统计分析结果表明，当农户家庭人均耕地面积为 3.01 亩及以上、2.01~3 亩、1.01~2 亩、1 亩及以下时，该家庭处于贫困状态的比例依次是 21.87%、23.21%、24.48% 和 29.24%，随着耕地面积的减少而提升。可能的原因是，耕地面积较大在一定程度上有助于农业生产的规模化和机械化，其生产效率会得到极大提升，客观上降低了家庭陷入贫困状态的可能性。

（4）遭受了重大疾病或伤残的农户家庭相比一般家庭陷入贫困状态的可能性更大。统计分析结果也很好地支撑了这一点，遭受过重大疾病或伤残的农户家庭处于贫困的比例高达 43.26%，而未遭受过重大疾病或伤残的农户家庭这一比例仅为 18.69%，二者存在较为明显的差距。由此可见，疾病或伤残是导致许多农村家庭陷入贫困的重要因素，这与一般预期也基本一致。

（5）在不同的家庭生命周期阶段，影响农户家庭贫困与否的主要因素通常有所区别。其中，成熟核心家庭主要受文化程度、兼业时间、人均耕地面积、是否遭受过重大疾病或伤残等因素影响，具体而言，当农户处于成熟核心家庭阶段时，户主文化程度偏低、兼业时间短、人均耕地面积少、家庭遭受过重大疾病或伤残的家庭处于贫困状态的可能性更大一些。扩大核心家庭贫困与否与户主的基本特质密切相关，包括性别、年龄、文化程度、兼业时间等因素，具体而言，年龄小、文化程度低、兼业时间短的女性户主的扩大核心家庭更容易处于贫困状态；除此之外，是否遭受重大疾病与伤残也是导致其贫困与否的关键性因素。衰退家庭是否贫困主要受其家庭状况影响，一是人均耕地面积，耕地数量越少其家庭处于贫困的概率越高，二是交通通达度，距离村主干道越远的家庭陷入贫困的可能性越大；户主年龄也是影响其家庭贫困与否的重要因素，但作用方向与模型扩大核心家庭正好相反。萎缩家庭贫困与否也受到了人均耕地面积、交通通达度二因素的显著影响，但后者的作用方向与衰退家庭的情形不同，此时是距离村主干道的距离越近，家庭越容易陷入贫困。总体而言，影响农户家庭贫困与否的主要因素在不同的生命周期阶段通常会存在一定差异，甚至同一因素在不同阶段的作用方向也不尽相同，比如户主年龄、交通通达度。

六、快速推进民族地区脱贫的对策建议

第一，通过教育、劝说等方式积极引导女性决策制定的科学化与规范化。女性户主较之于男性户主，通常由于性格或者所接受知识的差异，导致其行为决策通常更为保守，家庭也由此错失一些发展机遇。而近年来，随着越来越多青壮年男性劳动力外出务工，女性在家庭以及农业生产决策中扮演着越发重要的角色，因此有必要采用一些措施来强化女性户主决策制定的科学化与规范化：一是加强文化教育，提升其认知能力，因为年龄偏大的女性户主文化程度普遍偏低，以小学、半文盲文化程度为主，不仅难以领会一些专业知识甚至识字都极为有限；二是充分借助榜样作用，通过劝说的方式促进其改进，可以找一些拥有成功经验的女性户主现身说法，激励她们改进决策方式。该对策适用于扩大核心家庭。

第二，强化对农民的各项技能培训工作，提升其务农水平与外出兼业

的竞争力。前文已论证，户主文化程度越低，其家庭陷入贫困的可能性越大。这要求政府在今后要加强对农民的教育与培训：一方面通过引导农民收看涉农电视节目、搜索涉农网络信息、聆听农业专家讲座、翻阅农业宣传手册等方式，让其拥有更为丰富的农业知识储备，以便其务农能力的提升；另一方面加强对年轻一代尤其是外出务工意愿较为强烈的农民的各项技能培训工作，比如计算机的熟练运用、各种动力机械的熟练操作等，尽可能让所有人都有一技之长，以便在就业市场上能占据一席之地。该对策适用于成熟核心和扩大核心等两类家庭。

第三，进一步完善农业产业链条，逐步增加农民就近兼业机会。目前，受访地区以出售初级农产品为主，由于地处山区且交通相对不便，导致其农产品价格要低于市场平均水平，农民收益难以得到充分保障。为此，有必要就近创办一些农产品加工企业，重点加工当地的一些特色农产品，逐步形成规模化与产业化兼备的公司经营模式。这样做的好处是，一方面可以提高农产品附加值，并形成一些极具当地特色的农业品牌；另一方面可使当地农民务农收入得到增加，让那些贫困家庭早日脱贫致富；除此之外，还能为当地农民提供一些就业机会，让他们摆脱"离土又离乡"的外出务工模式，而这将有利于其子女的教育与成长，从而保障未来农村社会的和谐与稳定。该对策适用于成熟核心、扩大核心以及萎缩等三类家庭。

第四，加强农地流转工作，循序渐进逐步推进农业生产规模化经营。通过前文分析可知，农户家庭所拥有的耕地面积越多，其陷入贫困的可能性越小，从中可见农业规模化生产的重要性。走访当地农村发现：一些少地农户由于难以通过农业生产获取较高收益，存在一定的弃耕或者随意耕作行为，而将大部分精力转向务工，家庭收入虽得到了保障，但却客观导致了其耕地生产率低下；同时另一些少地农户虽践行了精耕细作，无奈耕地有限同样无法获取较高收益，而过多的精力投入到农业生产又使其缺少闲暇时间从事其他兼业工作，家庭由此陷入贫困。针对上述两类情形，笔者认为，有必要在类似地区强化农地流传，进而形成规模化经营，一方面可让一些农民从农业生产中解放出来，从事其他兼业工作；另一方面还能有效保证耕地生产率，实现农业生产效益的最大化。该对策适用于成熟核心、衰退和萎缩等三类家庭。

第五，多渠道筹集资金，设立农民重大疾病与伤残救助基金。因病致贫或者因伤致贫在广大农村是非常普遍的，这在连片特困地区尤为突出，很多人因此或间歇或永远丧失劳动能力，使得家庭长期陷入困境。为了让他们早日摆脱贫困，可采用多种渠道筹措资金，比如政府直接转移性支付、红十字会等社会公益组织救济、企业或者个人自发捐赠等，然后设立农民重大疾病与伤残救助基金会并制定相关的规章制度，同时由村民民主推荐一些社会公益性较强的人担任基金会理事长与理事，以确保求助工作的顺利开展。需要强调的是，理事会在确定救助与帮扶对象时一定要秉承事实，要把救助金发放到需要的人手中；而一旦发现其存在徇私舞弊行为，立即免去理事资格并追究责任、挽回相关损失。该对策适用于成熟核心和扩大核心等两类家庭。

基于可持续生计框架的武陵山区农户贫困特质研究

——以湖北省恩施州龙凤镇10个村为例

李海鹏　方　敏　徐　帆　兰　昊

一、调查时间

2015年7月中旬至8月中旬，为期1个月。

二、调查地点

湖北省恩施州龙凤镇。龙凤镇是扶贫试点镇，位于恩施市北郊，距市中心10公里。该镇拥有国土面积285.6平方公里，辖18个村，1个居委会，总人口6.7万人，集镇建成区面积1.5平方公里，规划区面积5.6平方公里。

三、调查对象

龙凤镇10个村的2 359户贫困农户，包括：大转拐村、店子槽村、二坡村、柑子坪村、古阳坝村、吉心村、龙凤村、青堡村、三河村和小龙潭村。

四、引言

集中连片特困地区是现阶段扶贫攻坚的主战场，也是我国2020年全面建成小康社会最薄弱的地区。目前，我国有14个集中连片特困区，尽管他们均表现出贫困程度深、维度多、发生面广等相似表征，但由于各区域地理环境、历史文化等方面存在差异，使得贫困的特质不同。在精准扶贫的新阶段，通过比较集中连片特困地区的贫困特质，给予各区域更为精准的政策扶持，对于我国 2020 年完成全面建成小康社会的目标具有重要意义。

武陵山片区是我国最早开始连片治理的特困区，学术界对武陵山区贫困问题的研究主要集中在以下三方面：一是实证分析武陵山区贫困的现状、成因及治理对策等（胡勇，2013；周爱萍，2013；王飞跃，2014）。二是从文化、产业、教育、金融、生态、旅游等角度进行专项扶贫研究（李云，2012；张跃平，2013；刘璐琳，2015）。三是分析武陵山区多维贫困的测量、评估及政策路径（陈琦，2012；谭银清，2015）。这些研究有助于整体把握武陵山区的贫困状况，但由于缺乏在同一框架下对各连片区的比较研究，从而不能把握武陵山区贫困特质。目前，李小云等（2007）开发的可持续生计框架相对成熟，在不同区域的贫困研究中运用广泛。因此，本文利用 2 359 户农户抽样样本数据，在可持续生计框架下，通过与其他片区的比较，厘清武陵山区农户的贫困特质，并提出武陵山区扶贫政策调整的路径，以期为后期扶贫工作开展提供决策参考。

五、数据来源

本文选取的研究区域为湖北恩施和湖南湘西。在建档立卡数据库中随机抽取 20 个村，共 2 357 户农户家庭组成研究样本，并结合调查区域的精准扶贫入户调查工作，对抽取的农户家庭逐户访谈，就农户基本情况（包括自然资本、物质资本、人力资本、金融资本、社会资本、文化资本等）、自然灾害情况、国家相关政策普及等方面进行了全面深入调研。

六、贫困状况

龙凤镇以农业为主，经济来源少，贫困人口多。目前该镇贫困人口达 6 338 户，占总人口的 32.9%。据 2013 年统计数据显示，农民人均纯收入 5 005 元，比全州农民人均纯收入 5 235 元低 230 元，比全国农民人均纯收入 8 896 元低 3 891 元，其收入中打工收入占 70% 以上；农民人均纯收入低于 2 300 元的贫困人口 23 020 人，贫困发生率 38.24%，比全州高 1.34 个百分点，比全国平均水平高出 25.24 个百分点。

七、分析方法

本文基于李小云等（2007）的研究，对数据进行标准化处理。运用SPSS16.0统计软件，首先计算农户生计指标，测算其生计资本，其次利用样本聚类划分农户的贫困类型。最后，比较总结武陵山区贫困特质。其中武陵山区农户生计资本的测算如下：（1）设定农户生计资本指标并赋值。（2）采用极差标准化公式对农户单个生计资本指标进行测算。本文以家庭为单位测算。（3）计算农户5种生计资本的综合指标值。具体见表1。

表1　　　　农户生计资本指标测算方法

资本类型	一级指标	二级指标	指标标准化公式	权重	测量计算公式
人力资本	农户家庭劳动能力指标（H_1）	农户家庭年龄 农户健康状态	家庭总体劳动能力单位/7	0.6	$0.6*H_1 + 0.4*H_2$
	农户家庭劳动素质指标（H_2）	农户家庭文化程度	家庭总体受教育程度单位/3	0.4	
自然资本	户有耕地面积（公顷）（N_1）		户均耕地/指标最大值	0.5	$0.5*N_1 + 0.5*N_2$
	户有林地面积（公顷）（N_2）		户均林地/指标最大值	0.5	
物质资本	家庭资产（件）（P_1）		户均拥有的家庭资产/13	0.4	$0.4*P_1 + 0.6*P_2$
	住房情况（P_2）	房屋结构 房屋面积（m²）	（住房结构赋值+住房面积赋值）/2	0.6	
金融资本	农户人均年收入（元）（F_1）				
社会资本	是否是村干部（S_1）		极差标准化计算公式：	0.3	$0.3*S_1 + 0.4*S_2 + 0.3*S_3$
	是否参加合作组织（S_2）			0.4	
	是否有得力亲戚（S_3）			0.3	

八、调查农户信息

经过描述性分析,对于调查农户信息得到如下结果。具体见表2。

表 2 龙凤镇农户被调查人员信息

变量	变量特征	百分比(%)	变量	变量特征	百分比(%)
户主年龄	青少年 [<18岁]	0	健康状况	健康	44.1
	中年 [18岁, 35岁]	3.5		长期慢性病	40.1
	壮年 [36岁, 64岁]	66.4		患有大病	13.4
	老年 [>64岁]	30.1		残疾	2.4
民族	少数民族	3.5	性别	男	90.9
	汉族	96.5		女	9.1
教育	文盲	7.7	是否有大学生	有	4.2
	小学	48.3		没有	95.8
	初中	38.7	是否以务农为主	务农	72.7
	高中或中专	5.3		其他	27.3
	大学及以上	0	是否参与退耕还林工程	有	69.2
				没有	30.8

从表2的描述统计,我们可以看出:(1)被调查者多半是男性,占90.9%,且多为青壮年户主,汉族人口居多。(2)在健康状况方面,44.1%被调查者身体健康,40.1%人群患有长期慢性病,13.4%人群患有大病,2.4%属于残疾人员。(3)从教育方面来看,被调查者受教育水平偏低。其中文盲占7.7%,小学占48.3%,初中占38.7%,高中或中专占5.3%,大学及以上人群无。(4)72.7%被调查农户主要从事农业,69.2%的农户参与退耕还林工程。(5)有4.2%的调查农户家庭有大学生,这类农户易因教育方面的开支陷入贫困或者返贫。

九、贫困指标生计测量

(一)人力资本指标测量

测量人力资本指标,选取农户的家庭年龄和健康状态来反映农户家庭劳动能力指标；选取农户的家庭劳动文化程度来反映农户家庭劳动素质指标。具体见表3。

表3　　　　　　　　龙凤镇单个家庭成员人力资本指标

单个家庭成员的劳动能力赋值			单个家庭成员的劳动素质赋值	
年龄分类	解释	赋值	学历程度	赋值
0~6岁儿童	年纪太小	0	文盲	0
7~15岁健康儿童、青少年	简单家务、部分农活	0.3	小学	0.25
16~60岁成人	具备劳动能力，能为家庭创收	1	初中	0.5
60~75岁健康农户	能从事有限的劳动	0.6	高中或中专	0.75
75岁以上年迈农户	年纪太大，不适合从事劳动	0.5	大专及以上	1
重大疾病、残疾农户	无法劳动	0		

注：指标赋值参考李小云，董强，赵丽霞. 农户脆弱性分析方法及其本土化应用［J］. 中国农村经济，2007（4）。

在对龙凤镇农户单个家庭成员赋值后，把每户的劳动能力指标和劳动素质能力指标分别汇总，得到每户家庭整体劳动能力指标和劳动素质能力指标，在此基础上将其标准化。劳动能力指标标准化公式：指标度量值 = 家庭总体劳动能力单位÷7。该指标的最大值7是根据龙凤镇农户家庭人口规模的最大值确定。劳动素质能力指标标准化公式：指标度量值 = 家庭总体受教育程度单位÷3。该指标的最大值3是根据龙凤镇农户家庭劳动力受教育程度的最大值确定。

（二）自然资本指标测量

本文将自然资本以家庭拥有的耕地亩数和林地亩数两个指标来衡量。这两个指标的计算方法一样，即首先统计农户家庭拥有的耕地面积和林地面积，然后再将其标准化。标准化公式：耕地标准化数值 = 户均耕地/指标最大值，林地标准化数值 = 户均林地/指标最大值。该指标的最大值根据龙凤镇农户户均拥有的耕地及林地的最大值确定。

（三）物质资本指标测量

本文从两个指标维度来分析物质资本：家庭资产和住房状况。其中家庭资产包括生产工具、牲畜及家电等13项具体指标；家庭资产标准化公式：指标数值＝户均拥有的家庭资产÷13。住房状况包括房屋结构和房屋面积两个指标。住房状况标准化公式：指标数值＝（住房结构赋值＋住房面积赋值）÷2。家庭住房指标赋值见表4。

表4　家庭住房指标赋值

住房结构	赋值	住房面积（平方米）	赋值
混凝土房	1	200以上	1
砖瓦房	0.75	150~200	0.75
砖木房	0.5	100~150	0.5
土木房	0.25	50~100	0.25
草房	0	0~50	0

（四）金融资本指标测量

农户的人均年现金收入是农户主要的现金来源，我们以此衡量其金融资本。具体见表4。

（五）社会资本指标测量

社会资本采用三个指标来衡量：一是农户是否是村干部；二是农户是否参加合作组织；三是农户是否有得力亲戚。采用二分法计量。

十、武陵山区贫困农户分类

根据贫困测量指标，对农户5种生计资本进行打分，汇总可得生计资本总值。利用SPSS16.0统计分析软件对农户资本总值进行聚类分析，将2 357户农户分为3类。具体见表5。

表5　不同类型贫困农户的生计资产状况

农户类型	农户特点	户数	人力资产	自然资产	物质资产	金融资产	社会资产	资产总值
高	仅自然资本缺失	641	0.529	0.059	0.604	0.489	0.192	1.873
中	自然资本和社会资本缺失	1 027	0.356	0.054	0.491	0.470	0.074	1.445
低	多种资本缺失	689	0.161	0.030	0.349	0.408	0.042	0.990
总体		2 357	0.346	0.048	0.480	0.458	0.097	1.429

（1）总体来看，以总分5分计量，3类农户的生计资本总值都在2分以下，可以看出武陵山区农户生计资本整体匮乏。按照资产总值划分农户类型，2 357户农户划分为高、中、低3类。其中高得分类型农户共641户，占27.2%；中得分类型农户共1 027户，占43.6%；低得分类型农户共689户，占29.2%。

（2）高得分类型农户，累计资产总值得分1.873分，单项得分较低的是自然资产得分0.059分。该类农户特点是仅自然资本缺失，表现为耕地和林地缺乏，农业收益低，抗风险能力差等，在遭受自然灾害时，表现出极大的脆弱性。对于该类农户，只要补齐自然资本短板，将其纳入市场，就能激发农户自我发展能力。

（3）自然资本和社会资本缺失型农户得分次之，累计资产总值得分1.445分；与第1类农户相比，该类农户分项得分较低的是自然资产得分0.054分和社会资产得分0.074分。这类农户表现为耕地林地缺乏，没有得力亲戚，没有参加合作组织，没有担任村干等，在面临生计威胁时，不能通过救助来弥补损失。对于这类农户，只要对自然资本和社会资本加以扶持，就能让其实现内生性扶贫。

（4）多种资本缺失型农户得分最低，累计资产总值得分0.990分，与其他2类农户相比，该类农户单项得分均较低。5种单项资产中，分值得分较低的是人力资产0.161分、自然资产0.030分、社会资产0.042分。该类农户多为孤老农户，一方面缺乏内生能力，另一方面缺少社会救助，这类农户是脆弱性最强的群体。对于该类农户，一般的扶贫方式难以奏效，必须通过极贫重扶，安排专项资金，集中解决基本生活保障问题。

十一、武陵山区农户贫困特质归纳

（一）同其他相关研究结论的比较

李小云的生计测量方法运用广泛，近四年来大量学者运用同种权重和变量研究其他地区的贫困问题。滇西边境山区（王丹丹等，2013）、武陵山区三峡库区（徐定德等，2015）、新疆南疆三地州（万婷等，2015）、四省藏区甘南地区（赵雪雁，2011）、秦巴山区（刘伟，2014；伍艳，2015）、滇桂黔石漠化区广西凤三县（史月兰，2014）、六盘山区甘肃天水（翟彬等，2015）。通过归纳总结，得到如表6所示的数据。

表 6　　其他地区的生计资本情况

贫困区域	具体地区	人力资本得分	自然资本得分	物质资本得分	金融资本得分	社会资本得分	资本总值
滇西边境山区		0.728	0.608	0.621	0.533	0.478	2.968
武陵山区	三峡库区	0.379	0.073	0.490	0.245	0.069	1.256
新疆南疆三地州		0.407	0.207	0.237	0.211	0.497	1.559
四省藏区	甘南牧区	0.140	0.590	0.190	0.250	0.340	1.510
	甘南高原	0.435	0.215	0.185	0.234	0.283	1.352
秦巴山区	陕南	0.510	0.060	0.390	0.150	0.230	1.340
	洋县	0.339	0.225	0.292	0.081	0.416	1.353
	安康	0.370	0.100	0.460	0.180	0.380	1.490
滇桂黔石漠化区	广西凤三县	0.330	0.230	0.270	0.280	0.190	1.300
六盘山区	甘肃天水	0.093	0.113	0.087	0.057	0.040	0.390
武陵山区	恩施、湘西	0.346	0.048	0.480	0.458	0.097	1.429

表 6 是对 7 个集中连片特困区生计资本状况的分析，通过分析得到如下结果：

（1）以总分 5 分为衡量标准，7 个贫困地区的生计资本得分都在 3 分以下，且大部分地区得分都在 1~2 分之间。由此可以看出集中连片特困区生计资本普遍匮乏，抵御生计风险能力低。（2）从生计资本总值来看，滇西边境山区 2.968 分最高，然后依次是新疆南疆三地州、四省藏区、秦巴山区、滇桂黔石漠化区以及武陵山区，六盘山区最低 0.390 分。（3）5 类生计资本得分各地区不一。从 5 类生计资本得分来看，滇西边境山区和滇桂黔石漠化区社会资本有限；新疆南疆三地州自然资本缺乏；四省藏区物质资本匮乏；秦巴山区自然资本和金融资本较弱；六盘山区多种资本缺乏，其中缺失最严重的是社会资本；武陵山区和本研究的湖北恩施及湖南湘西地区自然资本与社会资本匮乏。（4）从地理区划来看，位于中西结合部的武陵山区和秦巴山区，在自然、金融、社会方面处于不利地位；位于西北地区的新疆南疆三地州、六盘山区、四省藏区，所有生计资本与其他地区相比普遍较弱；西南地区的滇西边境山区和滇桂黔石漠化区在社会资本方面不利。

(二) 武陵山区贫困特质

与其他集中连片特困地区相比，武陵山区的贫困状况呈现出不同的特质。具体而言有以下四点：

一是空间贫困特征突出。从比较分析看，武陵山区农户自然资本得分较低，仅为 0.048 分，在所有区域中得分最低，其原因在于武陵山区地处深山区，人均耕地资源和林地资源较少。此外，由于武陵山区地处内陆，距各省省会城市较远，交通不便，也限制了农户对自然资源的有效开发。

二是自然和社会贫困特征明显。从比较分析看，武陵山区农户自然资本得分 0.048 分、社会资本得分 0.097 分；通过实地调研，样本农户多为自然资本和社会资本缺失型农户；和其他片区相比，武陵山区自然资本和社会资本得分均较低。农户普遍表现为耕地和林地缺乏、没有得力亲戚、没有参加社会合作组织、没有担任村干，农户缺少融入社会的通道；同时由于武陵山区社交网络封闭，农产品缺乏深加工和销售渠道，专业合作社、规模以上企业和小额信贷机构等社会组织较少，以至于农户缺少技术、市场及资金等社会合作平台。

三是能力贫困特征显著。自然资本、人力资本是农户发展的基础性资本，如果这两个资本配备不合理，则物质资本、金融资本和社会资本配备再多，也不可能具备自我发展能力。武陵山区位于中西结合部，自然环境恶劣、教育条件落后、社会保障制度不完善等多方面原因，导致武陵山区农户生计资本总值低；其中人力资本 0.346 分、自然资本 0.048 分、社会资本 0.097 分。自然资本、人力资本和社会资本的缺失，使得即使在物质资本和金融资本上给予充足的支持，也难以促进武陵山区自身发展。

四是持续贫困比重较高。武陵山区持续贫困是 5 类生计资本综合影响作用的结果。用受教育程度和健康状况来反映一个家庭的人力资本，从教育程度来看，武陵山区农户家庭整体文化程度低，小学及文盲人口比重占 56%。从健康状况来看，农户家庭劳动力健康状况不佳，非健康人员占 55.9%，劳动力负担过重，因病致贫返贫的贫困问题突出。此外，中西结合部的武陵山区，农户家庭位置偏远，自然资本缺乏，农业生产成本高但收入低，创收渠道少，在自然、物质、金融、社会等方面均处于劣势。

十二、政策建议

本文在湖北恩施和湖南湘西的实地调研基础上，运用聚类分析方法，按照资本总值得分将武陵山区农户划分为高、中、低3类农户；与其他连片特困区相比，武陵山区农户贫困特质呈现出空间贫困特征突出、自然和社会贫困特征明显、能力贫困特征显著和持续贫困比重较高4大特征。针对武陵山区农户的贫困特质，本文给出如下政策建议：

第一，从精准扶贫机制来说，建议按照可持续框架进行贫困类别精准识别，将武陵山区贫困农户划分为高得分类型农户、中得分类型农户和低得分类型农户，针对不同类型农户的资本条件，逐户精准施策，提高资金使用效率，确保政策实施的针对性和有效性。

第二，从农户扶持策略来说，建议：一是针对自然资本缺失型和社会资本缺失型农户，加大对农户自然资本和社会资本的扶持力度，搭建社会合作平台，将该类农户纳入市场，增强内生性扶贫能力。二是针对多种缺失型农户应该实行极贫重扶策略。实施市县乡村四级联动机制，每户安排专项资金，集中解决饮水、住房、产业、交通和公共服务问题。三是针对人力资本奇缺的农户，要通过政府兜底政策，并配合土地流转，确保其稳定脱贫。

第三，从片区扶贫开发来说，建议：一是优化交通布局，化区位劣势为资源优势。通过完善"村村通客车，客运到村"等基础设施建设，提升城乡交通通达性和通畅性，促进武陵山区丰富的自然、旅游等优势资源的利用，带动农户经济发展。二是大力发展武陵山区特色产业，强化自我"造血"能力。通过加快贫困村特色产业基地建设，对农户进行技能培训、创业知识培训，以"龙头企业+基地+合作社+农户"的产业链式扶贫模式推动农户经济发展。

参考文献

[1] 胡勇. 集中连片特困地区发展现状与贫困的根源探究——以武陵山区为例 [J]. 湖南农业科学，2013（19）：126-129+133.

[2] 周爱萍. 合作型反贫困视角下贫困成因及治理——以重庆市武陵山区为例 [J]. 云南民族大学学报（哲学社会科学版），2013（2）：81-87.

[3] 王飞跃，魏艳. 少数民族集中连片特困地区脱贫路径探讨——以贵州为例 [J]. 贵州民族研究，2014（2）：102-105.

[4] 李云. 文化扶贫：武陵山片区扶贫攻坚的战略选择 [J]. 民族论坛，2012（22）：52-55.

[5] 李小云, 董强, 饶小龙, 赵丽霞. 农户脆弱性分析方法及其本土化应用 [J]. 中国农村经济, 2007 (4): 32-39.

[6] 刘璐琳. 武陵山片区教育贫困新特点与对策研究 [J]. 民族教育研究, 2015 (1): 76-80.

[7] 张跃平, 徐传武, 黄喆. 大推进与产业提升: 武陵山区扶贫的必由之路——以湖北省恩施州望城坡等地的扶贫实践为例 [J]. 中南民族大学学报 (人文社会科学版), 2013 (5): 113-116.

[8] 陈琦. 连片特困地区农村贫困的多维测量及政策意涵——以武陵山片区为例 [J]. 四川师范大学学报 (社会科学版), 2012 (3): 58-63.

[9] 谭银清, 王志章, 陈益芳. 武陵山区多维贫困的测量、分解及政策蕴含 [J]. 吉首大学学报 (社会科学版), 2015 (1): 44-49.

[10] 王丹丹, 甘淑, 张超, 孙冠华. 不同地形特征下云南沿边村寨农户生计资产研究 [J]. 云南地理环境研究, 2013 (6): 41-47.

[11] 徐定德, 张继飞, 刘邵权, 谢芳婷, 曹梦甜, 王小兰, 刘恩来. 西南典型山区农户生计资本与生计策略关系研究 [J]. 西南大学学报 (自然科学版), 2015 (9): 118-126.

[12] 万婷, 蒲春玲, 陶崇鑫. 基于SLA分析框架的新疆南部地区农户生计资本研究 [J]. 农业经济, 2015 (6): 96-98.

[13] 赵雪雁. 生计资本对农牧民生活满意度的影响——以甘南高原为例 [J]. 地理研究, 2011 (4): 687-698.

[14] 刘伟, 黎洁, 李聪, 李树茁. 西部山区项目扶贫的农户收入效应——来自陕西安康的经验证据 [J]. 南京农业大学学报 (社会科学版), 2014 (6): 42.

[15] 伍艳. 贫困地区农户生计脆弱性的测度——基于秦巴山片区的实证分析 [J]. 西南民族大学学报 (人文社科版), 2015 (5): 128-133.

[16] 史月兰, 唐卜, 俞洋. 基于生计资本路径的贫困地区生计策略研究——广西凤山县四个可持续生计项目村的调查 [J]. 改革与战略, 2014 (4): 83-87.

[17] 翟彬, 梁流涛. 基于可持续生计的农村反贫困研究——以甘肃省天水贫困地区为例 [J]. 农村经济, 2015 (5): 55-60.

[18] 马旭明. 极贫重扶实现精准扶贫 [J]. 政策, 2015 (6): 66-67.

武陵山区农户土地利用行为变化对生态文明建设的影响

——以恩施市咸丰县为例

侯沁言

一、引言

目前，人类正以空前的速度、幅度和空间规模影响着全球环境，人们通过土地利用而改变了地表覆被，土地利用/覆被变化则引起诸多自然要素和生态过程的变化，这在生态环境脆弱地区体现得更加明显。因此，土地利用/覆被的环境效应尤其是生态脆弱区的土地利用/覆被的环境效应得到各国科学家的重视，研究"人类驱动力—土地利用/土地覆被变化—全球变化—环境反馈"之间相互作用机制的"土地利用土地覆被变化"（LUCC）成为国际地圈—生物圈计划（IGBP）和全球环境变化中的人文因素计划（IHDP）重要的研究计划之一。从目前的研究看，多数研究仍侧重于土地利用/覆被的变化，而对其造成的生态环境影响研究则显不足[1][2][3]。

近年来，随着全球变化而导致的生态环境问题的凸显，生态环境受到越来越多的关注[4][5][6]。生态环境脆弱性除受自然环境条件的控制外，人类活动也是影响其变化的重要因素，人类不合理的土地利用方式将会加剧生态环境的脆弱程度。当前，虽然人们已经认识到土地利用对生态环境脆弱性的影响，但因土地利用与生态环境脆弱性之间互相影响的关系复杂性，较多的研究主要集中于土地利用对单一生态环境要素的影响，如土地利用与区域气候、水文水资源、土壤理化性状的相互关系等[7][8][9]，而土地利用对生态环境脆弱性的综合影响研究则以定性分析居多，迫切需要进行定量化、空间化的研究探索。

农户土地利用行为是指农户在一定的社会环境中对农产品价格和生产

要素价格变动做出的农业投入与管理的反应或决策，包括了农户生产投资行为、消费行为、择业行为等[10]。自20世纪70年代我国全国范围内开始实行家庭联产承包责任制以来，就意味着在制度上确定了农户成为农业生产、管理、决策上午最基本单元[11]。农户是集投资决策、生产决策和消费决策于一体的经济主体，具有生产、消费、积累和社会职能[12][13][14]。农户既是生产单位又是消费单位的基本特点，决定了其生产与消费行为，以及看作联系自然生态系统和社会经济系统之间的桥梁，一切关于社会的政策、制度、法规最终都要通过农户来实施。资金、技术与劳动力等的供给之间存在着直接的相互制约与相互促进的关系[14][15]。在研究农户土地利用行为的基础上对其进行优化，对调整农业结构，提高农业竞争力，促进农业乃至全国经济的发展，具有重要的理论与实际意义。

农户土地利用行为与农业环境质量变化密切相关，农业生态环境问题在很大程度上源于农户的土地利用行为[16][17]，应该将农户作为分析和解决农业生态环境问题的基本单元[18]。主要原始农户数量众多并于水土资源利用变化直接相关，了解用户土地利用行为和生态环境之间相互作用关系及效应，可以为农业环境问题的解决提供理论依据。自20世纪80年代，国外学者开始从微观经济主体（农户）的视角探讨行为活动与农业生态环境问题的关系[19]，现今已成为重要领域[20]。对农户土地利用行为的环境效应问题研究，内容上仅停留在农户土地利用行为引起环境问题的分类与描述上[21][22]；其次在研究方法上主要采用的一般描述和"事前"估计法[23]，以定性分析为主，缺乏农户土地利用行为环境影响过程和环境效应定量的系统性研究[24]。另外传统农区农户土地利用造成的农业环境问题日益严重，但对于传统农户土地利用行为环境效应的研究较少[25]。因此本文以湖北省恩施市咸丰县为研究对象，分析农户土地利用行为对生态环境建设的影响；在研究方法上，通过问卷调查的方式获取数据，并合理界定农户土地利用该系统的边界，将定性与定量方法相结合分析农户土地利用行为对生态环境的影响。

生态环境恶化的原因分为自然原因与人为因素。对于自然界人们已经做了大量研究，然而，人们对于自然界的力量而言是微小的，防治措施大多只能起到治表的作用，农户不合理的土地利用行为与生态环境恶化有着直接、必然的联系[26]。改善生态环境最根本的方法在于建立人类与自然界的和谐关系，使人们在追求经济效益的同时，考虑社会效益与生态环境效益。本文从农户层次出发，研究农户的土地利用行为及对生态环境的影响。

二、农户土地利用行为的理论基础分析

(一)"利润最大化"与"劳动均衡消费"

对农户行为进行分析时以"利润最大化"论与"劳动均衡论"[10]为理论基础,农户行为是在"理性"思考的基础上做出的,主要是指农户根据偏好和价值观来预测他们行为选择的后果,然后做出他们认为能达到利润最大化的选择。农户的劳动投入因为不以工资的形式表现,并且在投入与产出之间存在着季节性的实践跨度,所以对于投入阶段中各种资源在各环节的有效性很难估计。实际上农户在对其拥有的生产资源的分配决策过程中主要追求需求满足程度与劳动辛苦程度之间的均衡,而不是利润与成本之间的平衡[11][17]。在衡量过程中很大程度上取决于农户自身的主观判断,通过自身感受判断是否令人满意。若两者之间均衡未实现,即使是低水平的劳动报酬,农户仍然会增加劳力投入;若二者以实现基本均衡只有非常高的劳动报酬才能刺激农户投入更多的劳动力。

(二)农户行为的目标层次性

农户行为目标具有多重复合性,即追求家庭高消费的产量的最大化,有追求市场经济利润的最大化[27],可分为以下几个层次:家庭生活动机——满足生存的需要;家庭积累动机——积累个人财富的需要;社会服务动机——履行个人对社会应尽的义务;社会服从动机——个人受到外界强制性的压力。根据不同层次的动机可以将农户分为不同各类型,贫困农户的行为主要是为追求生存的需求,保障家庭食品安全和满足农业再生产的必要储备,属于典型的风险规避者,属于最低层次。温饱型农户追求"基本需要+增加收入"模式,与贫困农户相比,上升了一个层次。小康型的农户拥有一定的资金,其行为目标为效用的最大化,注重更是市场价格信息的最大化,注重市场价格等信息进行决策。富裕型农户收入的主要来源转向非农行业,而农业最为抵御风险的最后屏障,是农户经营行为的最高层次[28]。

(三)农户土地利用行为的外部性

生态环境作为公共资源,任何人可以免费使用,且不能排除其他人对

其进行消费，若一个人在使用公共资源后造成其他人对其使用的减少，就会造成"外部不经济性"、"公共地的悲剧"和"搭便车"现象。"外部不经济性"是指在产品的内在成本中未计入环境污染费用，而是以牺牲环境效益为代价获得高额利润，将隐蔽而沉重的费用转嫁给社会，增加了公共费用的负担，破坏了环境条件。外部不经济性是引起资源不合理开发利用以及环境破坏的一个重要原因。"公共地的悲剧"理论主要是指，个人从集体的资源中获利而将过度使用资源所造成的损失转嫁给集体[29]。

三、数据与方法

（一）研究区域概况

咸丰县地处武陵山区，为湖北省恩施土家族苗族自治州下辖县，湖北西大门。县名取"咸庆丰年"之意，古有"荆南雄镇"、"楚蜀屏翰"之誉。位于鄂、湘、黔、渝四省（市）边区结合部，距州府所在地恩施98公里，距重庆市黔江区53公里。地处武陵山东部、鄂西南边陲；扼楚蜀之腹心，为荆南之要地。咸丰县地处武陵山东部、鄂西南边陲；扼楚蜀之腹心，为荆南之要地，古有"荆南雄镇"、"楚蜀屏翰"之誉，东经108°37′8″~109°20′8″，北纬29°19′28″~30°2′54″，位于鄂、湘、黔、渝四省（市）边区结合部，距州府所在地恩施98公里，距重庆市黔江区53公里。县境内山峦起伏，沟壑纵横，有较大洞穴333个，主要高山有星斗山、人头山、二仙岩、坪坝营等，共7 900多个山头。地形地貌复杂，呈南部高、中部低、东部向西部倾斜。沿龙潭河河床东北高、西南低，形成河水倒流，境内海拔最高点1 911.5米，最低点445米，相对高差为1 466.5米，以二高山地区为主，占总面积的68%。

（二）调查数据收集的步骤及方法

调研数据的收集形式分为三个阶段：一是调研准备阶段，即设计调查问卷和访谈提纲；二是调研实施阶段，即问卷、访谈和实地观察等方法的具体运用；三是调研数据处理阶段，即调研后期的数据整理和分析，最终形成调研报告。

1. 调研准备阶段：设计调查问卷和访谈提纲

在调研前期大量阅读土地利用对生态环境影响的相关文献，搜集国内外学者关于土地利用变化对生态文明建设的研究资料，充分了解国内外研究现状，并研究区域的自然、经济、社会等基础数据，实地调查研究区生态环境、风俗习惯、土地利用等情况，为建立系统性的数据奠定基础。

2. 调研实施阶段：问卷与实地观察相结合

通过调查和访问的方法了解近几年来该地区农户的土地利用行为与土地利用方式特点、变化情况以及变化的原因，同时了解该地自然地理特征、该地区生态文明建设的进展状况，根据生态文明的内涵，从生态环境质量、社会经济发展和总体协调程度三个方面构建生态文明影响的评价指标体系，选择评价方法，对咸丰县的生态文明建设进行评价与分析。根据选取的合作社样本，采取随机抽样的方法，随机发放问卷110份，回收有效问卷102份，回收率92.7%；向选取的专业合作组织的负责人发放问卷16份，回收有效问卷，回收率100%。因农户的文化水平参差不齐，填写问卷会遇到不同的状况，为保证问卷的有效率，故问卷的填写方式为调查者一问一答的形式填写完成。本次调查还采用了实地观察法，到专业合作组织实地观察，查看合作组织的规模、办公地点与经营的农业产品等情况；并与农户聊天，观察其真实想法和家庭经济发展情况；观察村庄的整体建设情况、基础设施建设情况、文化环境卫生情况等。

3. 调研数据处理阶段：整理、分析数据

对回收的102份农户有效问卷、16份负责人有效问卷进行分析，获取客观数据，分析其内在意义。并结合访谈和实地观察所获取的信息进行分析，整理调研样本数据基本情况表。最后，结合相关理论基础，形成调研报告。

（三）数据收集

咸丰县辖10个乡镇一个区，263个村，总人口36.4万人（2013年数据），有土家族、苗族、朝鲜族、东乡族、蒙古族、畲族等少数民族。通过调查问卷的形式，收集该地区农户土地利用行为影响生态文明建设的相关信息。据调查显示咸丰县国土总面积2 550平方公里，其中耕地面积4.4万公顷，自实施退耕还林以来至2005年，随着国家征地和建设用地逐年增加，生态退耕的实施，耕地面积有所减少。2005年全县土地总面积3 780 475亩，其中耕地522 471亩，占总面积的13.82%；园地60 446

亩，占总面积的 1.60%；林地 2 437 146 亩，占总面积的 64.47%；其他农用地 184 057 亩，占总面积的 4.87%；建设用地 19 884 亩，占总面积的 0.53%，其中，居民点及独立工矿用地 69 310 亩，交通用地 9 675 亩，水利设施 898 亩；未利用地 472 683 亩，占总面积的 12.50%。土地利用县境土地资源利用类型属于以林业为主的林、农、牧相结合的结构类型。1985 年土地总面积 3 825 000 亩，其中耕地 400 604 亩，占总面积的 10.47%；林地 2 021 983 亩，占总面积的 52.85%；草地 1 040 293 亩，占总面积的 27.20%；水域 46 182 亩，占总面积的 1.21%；居民、工矿用地 49 405 亩，占总面积的 1.29%；交通用地 41 016 亩，占总面积的 1.07%；难利用地 225 495 亩，占总面积的 5.90%；特殊用地 22 亩。

表1　　　　　1994 年与 2005 年咸丰县土地利用类型变化　　　　单位：%

土地利用类型	1994 年	2005 年
耕地	17.50	13.82
园地	0.77	1.60
林地	60.46	64.47
建设用地	2.54	0.53
未利用地	17.17	12.50

根据全国第二次土壤普查暂行技术规程关于土地分级的原则和标准，县域 3 795 616（土壤普查数）分属于二级至七级。其中水田分属于二和三级，旱地及非耕地分属于二至七级。其中：二级地 157 092 亩，分布于低山、二高山平坝、平槽及沿河阶地。光照条件好，气温较高，基本上能旱涝保收。三级地 138 783 亩，多分布于山间平槽、岩溶洼地及缓坡，坡度小于 10°。四级地 65 625 亩，主要分布于山坡上，土层薄，中度侵蚀，坡度小于 15°，用于农业需要加强水土保持。五级地 100 753 亩，多分布于二高山和高山山坡，坡度大于 15°；土浅砾石多，片状侵蚀，气候寒冷，对粮食作物生长影响大。六级地 3 180 003 亩，占总面积的 83.78%。包括坡度大于 25°的各种土壤，强度侵蚀，坡陡土薄石头多，适宜发展林业和畜牧业。七级地 153 360 亩，分布于陡坡，严重侵蚀，适宜封山育林，保持水土。

表2　　　　　　　　不同土地等级在不同坡度上的分布

土地等级	所占比例	坡度
二级	4.14%	
三级	3.66%	<10°
四级	1.73%	10°~15°
五级	2.65%	15°~25°
六级	83.78%	>25°
七级	4.04%	陡坡

四、调查分析

(一) 农户的基本概况

在咸丰县随机抽取农户发放问卷110份，回收有效问卷102份，被调查的全部农户中，90%以上的农户家庭人口数量在3~5人，家庭规模分布较为均匀，平均每户3.17人。从男女比例上，女性在家庭人口中所占的比例为0.2~0.4，根据调查显示，平均每户有劳动力人数为2.12人。其中从事非农业的现象普遍，一般情况下，一家人中会有至少一个人在外出务工，且务工时间较长，平均每户农户的年收入约为8 000元，大多数劳动力文化程度较低，多为小学初中文化，其所占比例达到85%，而高中及以上学历比例较低。另外被调查对象的平均年龄在49.79岁，其中60岁以上、50~60岁、40~50岁、40岁以下所占的比例分别为8.94%、19.51%、47.15%和24.39%，可见40~55岁年龄段所占的比例较大。这个年龄段户主在进行农业生产行为的决策时，可以根据自己掌握的信息和经验做出判断，形成相对独立的有限理性的决策，并且92%以上的被调查者为男性，这能够确保调研结果的准确性。

(二) 农户土地利用状况

通过此次调查发现，湖北省恩施市咸丰县在此30年间土地利用变化的基本情况如下：据调查，咸丰县每户耕地面积约为1~2亩，经营规模普遍偏小。10亩以上农户所占比例仅为1.2%；5~10亩农户所占比例为23.12%，3~5亩的农户为22.1%，1~3亩的农户占35.4%，1亩以下的占18.18%，平均每个农户占地块书为2.78块，平均耕地面积为0.78亩；

该地区农户大多以生产水稻玉米为主，生产目的仍以自给为主；30 年来，由于土地调整或撂荒等原因，该地区农户土地利用面基本呈现减少的趋势，其中大多是以水田转变为旱地；该地区农业用地土壤肥力良好，耕地主要占用的为平整地，同时农业用地距农户居住地较近；基本上都存在一定的撂荒现象，撂荒的原因大多是农田距离较远，不便于农作；自农户响应国家退耕还林政策后，该地区退耕还林实施的较未顺利，并使农户取得一定的收益，同时，随着恩施市经济的发展，城市化进程的加快，建设用地占用农业用地的现象较为普遍，在补偿方面，基本上得到了农户的认可；该地区自然灾害较少，是农业生产的优势所在。

在化肥使用方面，被调查农户主要施用尿素和复合肥，这类农户所占的比例超过 90%，而其他化肥的使用量少。由于不同农户施用不同类型的化肥，因此需要将化肥的实物量转换成化肥的折纯量。本文按照不同种类化肥中的有效成分（N、P、K）进行折纯。根据相关行业的国家标准，尿素按照氮含量 46% 表示有效成分；复合肥的有效成分按照有效成分氮、磷、钾计算，由于复合肥生产行业没有固定的行业标准，本文取平均值 40% 作为其有效成分含量。结果表明，咸丰县传统农区农户平均每公顷耕地的化肥投入总量为 800.55 千克，这远远超过发达国家设置的 225 千克/公顷的施肥安全上限。其中，地块所种植作物类型不一，则施肥强度也存在差异。

（三）被调查地环境状况

关于环境保护和治理方面，根据调查访问，其基本情况如下：大多数农户认为，近 30 年来土壤质量逐渐变差，而导致这种变化的主要原因在于农药化肥的大量使用；该地区自然灾害，如水土流失、虫害及洪涝灾害等并无较大的变化；该地居民地都积极开展了环境治理工作，垃圾得到了有效处置，环境卫生得到了明显好转；农户在对环境保护的态度上，大多数态度较为积极，并愿意响应国家政府的政策方针；在环境治理上仍然存在一些不足之处，大多农户认为主要在于资金投入不足、缺乏专门的农村环保人才及低廉的治理技术缺乏，在政策上主要在于政府监管部门重视不够、技术开发投入不足及政策体制不完善等。

五、农户土地利用行为对生态环境影响分析

实现农户土地利用行为的生态环境友好性，改变农村生态环境恶化的

现状，就要从制度上引导农民行为的合理化。一要注重协调人地关系，二要重视农业生产经营制度、农户环境保护意识以及农业保护措施等制度因素所起的作用。首先也是最重要的应是针对完善我国现行的土地产权制度进行研究，它对农户行为具有决定性的影响。另外，缺少了政府的指导和扶持，以我国农村的现状而言，农产品市场、农户生存状况乃至整个社会的稳定都可能出现问题。

农户土地利用行为的政策影响机制研究就是要解决在市场经济条件下引导农户在生产决策过程中将其对环境的影响考虑在内，对资源进行有效地配置，克服经营活动中的外部不经济性。农户土地利用行为对生态环境的影响其实就是农业资源利用问题。探讨农户土地利用行为对于保护生态环境的最佳模式，就是寻求一种符合生态环境可持续发展的农业资源使用方式。这种模式不应该是一成不变的，而是因地制宜，根据不同地区资源特点、利用方式等制定出适合当地的最佳模式。针对我国人口和粮食压力大、土地紧缺的现实情况，照搬发达国家诸如限制化肥施用、建立环保型农业等措施显然是不现实的。樊江文等（2002）[30]在农户层次上对生态和生产系统进行了评价分析和优化。农户在考虑农业土地利用行为的过程中主要是比较投入与收益的关系，如何引导农户将生态环境保护纳入经营行为的考虑范围之内，使外部不经济性内部化将是一个值得探讨的问题。

武陵山区农户土地利用行为对生态文明建设影响较大。不同环境影响类型环境影响指数大小也差异较大，由大到小依次是富营养化、环境酸化、能源消耗和温室效应。可见，农户土地利用过程中化肥投入对环境产生最严重的负效应是富营养化和环境酸化，这个结论是可信的。在富营养化方面，咸丰县传统农区农户土地利用中化肥过量投入现象非常普遍，抽样调查数据显示，每公顷施肥量达到了 800.55 千克，远远超过了联合国环保组织设定的安全施肥的上限。过量的化肥投入会通过淋失、农田径流造成面源污染成为主要的污染源，造成了富营养化。目前农业面源污染已经超过了工业点源污染，成为中国流域污染和富营养化的主要因素。

不同环境影响类型的来源也差异较大，温室气体的排放和能源消耗主要产生于农资生产阶段。污染物排放影响最大的环境影响类型是富营养化和环境酸化，主要来自种植阶段化肥施用。因此，一方面应提高化肥生产的技术水平，实施清洁生产和节能减排，从源头控制温室气体排放和减少能源消耗；另一方面农户土地利用过程中也应采用环境友好型生产技术（如测土配方施肥），控制化肥的投入量，提高化肥利用率。

在土地利用过程中，农户一般为满足自身需求而忽略环境效益，不合理的农业生产行为导致农村生态环境问题日益严重，基于此，本文选取表3所示变量衡量农户的土地利用行为，首先衡量农户的土地利用行为，选取如表3所示的指标。

表3　　农户土地利用行为分析变量选择

变量	名称	代码	编码
劳动力状况	性别	X1	1 = 男；2 = 女
	年龄	X2	
	人口数量	X3	1 = 1人；2 = 2人；3 = 3人；4 = 4人；5 = 5人；6 = 5人以上
	收入来源	X4	1 = 纯农业收入；2 = 农业兼业收入；3 = 非农业；4 = 非农业兼业
	家庭人均收入	X5	1 = 2 000元以下；2 = 2 000 ~ 4 000元；3 = 4 000 ~ 8 000元；4 = 8 000元及以上
文化程度		X6	1 = 小学及以下；2 = 中学；3 = 高中、中专；4 = 大专及以上
经营规模	农田数量	X7	单位：亩
农业投资行为	农产品自用率	X8	百分比
农户土地利用行为	化肥使用情况	X9	1 = 是；2 = 否
	年均使用量	X10	单位：斤
农户环境关注度		X11	1 = 非常关注；2 = 一般；3 = 无所谓

针对农村生态环境，将农业面源污染、生活垃圾污染和水质污染作为主要表现（分别用Y1、Y2、Y3表示），并将农村生态环境的总体状况用Y表示，并作为衡量农村生态环境状况的指标，参考已有的研究方法，采用一般线性模型来分析农户经营行为对生态环境及其具体表现的效应模型的一般形式：

$$y = \partial + \beta_1 x_1 + \beta_2 x_2 + \cdots + \beta_p x_p + \varepsilon$$

其中：y表示农村生态环境变量，$x_i(i = 1, 2, 3, \cdots, p)$表示农户生产经营行为变量ε表示随机扰动项。

首先通过对问卷调查得到的数据标准化并对自变量与因变量进行相关分析，结果表明各变量间存在一定程度的相关。不同农户本身可能存在一定的差异，为了规避这一差异，故在运用多元线性回归时，将农户人口统计学变量作为控制变量。进行回归分析得出以下结果：

（1）劳动力投入行为。农户的性别、年龄、家庭常住人口、收入来源、家庭人均收入等农户人口变量对农村生态环境的影响不显著；同时，农户的收入来源、家庭人均收入对农业面源污染有显著的负面影响（β = -0.074，Sig. = 0.000；β = -0.120，Sig. = 0.000），表明农户越是依赖农业，收入就越低，农业面源污染就越高；家庭常住人口对生活垃圾污染有显著的正面影响（β = 0.078，Sig. = 0.017），家庭人均收入对生活垃圾污染有显著的负面影响（β = -0.074，Sig. = 0.000），表明家庭常住人口越多，产生的生活垃圾就越多，而人均收入越高，生活水平也就越高，所造成的生活污染也就越低。

（2）农户文化程度。农户的文化程度对生态环境总体状况有显著的正面影响（β = 0.120，Sig. = 0.018），并且对农业面源污染、农村水质级农村生活垃圾有显著影响（β = 0.132，Sig. = 0.000；β = 0.105，Sig. = 0.007；β = 0.157，Sig. = 0.003），结果表明文化程度越高，他们越能意识和认识到农村生态环境污染问题。

（3）经营规模。农户经营规模主要由农户耕种的土地面积指标来体现，分析表明，农户经营规模除对农业面源污染有正面影响外；对生态环境总体、农村的水质状况及生活垃圾污染均没有显著影响。

（4）农业投资行为。农户的农业投资行为是指农产品自用比例，自用比例越低，则农业投资力度越大。统计分析结果显示，农户的农业投资行为对生态环境总体质量生活垃圾污染均无显著影响，而对农业面源污染及水质有显著的负面影响，即农业投资力度越大，为了提高产量而造成农业面源污染和水质污染情况就会越严重。

（5）土地利用行为。农户的土地利用行为主要包括了有机肥的使用状况及有机肥的使用量。从总体上来看，有机肥施用情况及有机肥每亩平均施用量均对生态环境没有显著影响。有机肥施用情况及对农业面源污染及生活垃圾污染有显著的正面影响，有机肥的使用量对农业面源污染及水质具有正面影响。

（6）农户环境关注度。通过分析发现，农户环境关注度对生态环境总体、农业面源污染和农村水质污染均有显著的正面影响。

六、结论与讨论

（1）农村生态环境污染有很大一部分是在农户生产过程中产生的，农户生产目标行为、特征等内部因素以及市场机制、政策环境等外部因素均会对农户生产行为产生影响，作用于外在环境，最终导致环境恶化。然而，实证结果表明，除农户文化程度及对环境的关注程度对农村生态环境有着显著的关系外，农户土地利用行为的其他变量与其对农村总体的生态环境状况并不存在显著的关系。显然，现实与理论间存在明显的矛盾，这可能是由于在两型社会建设的初期，农户对其长期的土地利用行为会造成污染的认识并没有得到改变。为此，政府、非营利组织乃至市场都应该加大宣传力度，培养农户的生态意识。

（2）在保障农产品安全的前提下，保持恰当的农产品自给率，要严格控制化肥施用量，提高肥料利用率和效益或者其他过度的土地利用行为对农村生态环境的压力。同时，发展生态农业也是控制农村生态环境污染较为理想的经济方式。生态农业的应用与推广，有助于提高农业生产效率和增加农民收入，有利于全面提升农业生产的现代化技术水平，有利于污染的有效控制。另外，在农业生产过程中，加强宣传教育，提高农业生产者素质是有利于改善农村生态环境的，且推进农业生产的规模化经营同样有利于控制污染。

（3）转变社会经济发展模式，避免对土地生态功能的过度需求。传统的社会经济增长方式为我国带来了空前的物质财富，但其高消耗、高排放、低利用的数量型经济扩张使我国经济增长与资源短缺、生态环境恶化之间的矛盾日益凸显。循环经济作为一种新型的经济增长模式，是对"高开采、高排放、低利用"的传统经济增长模式的根本变革。它克服了单一传统经济与单一环境保护的弊端，将整个社会经济系统预想为生态系统的组成部分和一个演变阶段。

（4）加强生态用地保护，建立环境友好型土地利用模式。由于该区地理位置特殊，生态意义非常重要，且对土地利用的变化非常敏感，是生态环境最脆弱的地区，建议该区制止和消除不合理的土地利用行为，合理土地利用行为，在该区域的生态环境保护中，应进一步保护好自然植被。

（5）建立、健全二者关系评估体系，实施动态监测机制。土地利用与生态环境关系作为人与自然关系的缩影，是人类社会生存与发展的基础，其和谐程度如何直接决定了人类社会的稳定与发展，因而必须建立、健全二者关系的评估体系，实施动态监测机制，确保二者关系的和谐共生。

（6）强化单位建设用地生态足迹与释碳耗氧量监管，落实二者关系调控机制上述研究表明，单位建设用地面积生态足迹与释碳耗氧量作为人类社会对土地功能的需求在单位建设用地上的具体表现,不仅是诊断土地利用与生态环境关系严峻程度的重要指标,也是合理调控区域土地利用与生态环境关系、优化二者关系的重要因子。

(7) 加强土地利用规划调控,落实土地可持续利用政策。土地利用规划作为对一定区域未来土地利用超前的计划和安排,是目前国家和各级政府实现对区域土地利用进行总体规划、引导、调控和管理的重要手段,也是现有框架下对土地利用与生态环境关系进行调控、并促进二者和谐最重要的平台。因此,加强土地利用规划的调控作用,对建立环境友好型土地利用模式、促进区域土地利用与生态环境的和谐都具有重要的意义。

参 考 文 献

[1] Turner B L. The sustainability principle in global agendas: implication for understanding land use/land cover change [J]. The Geographical Journal, 1997, 163 (2): 133 - 140.

[2] 毕晓丽, 葛剑平. 基于 IGBP 土地覆盖类型的中国陆地生态系统服务功能价值评估 [J]. 山地学报, 2004, 1 (1): 48 - 53.

[3] 李静, 赵庚星, 杨佩国. 基于知识的垦利县土地利用/覆被遥感信息提取技术研究 [J]. 科学通报, 2006, 51B (7): 183 - 188.

[4] 史德明, 梁音. 我国脆弱生态环境的评估与保护 [J]. 水土保持学报, 2002, 1 (16): 6 - 10.

[5] 蔡海生, 陈美球, 赵小敏. 脆弱生态环境脆弱度评价研究进展 [J]. 江西农业大学学报 2003, 25 (2): 270 - 275.

[6] Gogu1 R C, Dassargues A. Current trends and future challenge of ground water vulnerability assessment using overlay and index method [J]. Environment Geology, 2000, 39 (6): 549 - 559.

[7] Dale V H. The relationship between land use change and climate change [J]. Ecological Application, 1997, 7 (3): 753 - 769.

[8] Zhao Gengxing, Li Xiujuan, Wang Ruian, et al. Soil nutrients in intensive agricultural areas with different land-use types in Qingzhou county, China [J]. Pedosphere, 2007, 17 (2): 165 - 171.

[9] 姜桂华. 地下水脆弱性研究进展 [J]. 世界地质, 2002, 21 (1): 33 - 38.

[10] 赵石. 一年给农户经济行为的因素分析 [J]. 黑龙江农业,

2003 (6): 21-22.

[11] LIJ, MARIO G, GIANNIP. Factors affecting technical changes in rice based farming system southern China: case study of Qianjiang municipality [J]. Critical Reviews in Plant Sciences, 1999, 18 (3): 283-297.

[12] 陈立双. 浅析农户的农业投资行为 [J]. 沈阳农业大学学报, 2001, 3 (3): 189-191.

[13] 马彦林. 干旱区绿洲可持续农业与农村经济发展机制与模式研究 [J]. 地理科学, 2000, 20 (6): 540-543.

[14] 欧阳进良, 宇振荣, 张凤荣. 基于生态经济分区的土壤质量及其变化与农户行为分析 [J]. 生态学报, 2003, 23 (6): 1147-1155.

[15] 连纲, 郭旭东, 傅伯杰, 等. 基于参与性调查的用户对退耕政策及生态环境的认知与响应 [J]. 生态学报, 2005, 25 (7): 1741-1747.

[16] Bateman I J, Harwood A R, Mace G M, et al. Bringing ecosystem services into economic decision-making: Land use in the United Kingdom [J]. Science, 2013, 34 (1): 45-50.

[17] 罗小娟, 冯淑怡, Reidsma Pytrik, 等. 基于农户生物—经济模型的农业与环境政策响应模拟——以太湖流域为例 [J]. 中国农村经济, 2013 (11): 72-85.

[18] 周建华, 杨海余, 贺正楚. 资源节约型与环境友好型技术的农户采纳限定因素分析 [J]. 中国农村观察, 2012 (2): 37-43.

[19] Karakoc G., F. U. Erkoc. Water quality and impacts of pollution sources for Eymir and Mogan Lakes (Turkey) [J]. Enviroment Internationa, 2003 (29): 2-27.

[20] Sherbin in de A, Vanwey L K, etal. Rural household demorgraphics [J]. Livehood and the environmental Change, 2008, 18 (1): 38-53.

[21] 王跃生. 家庭责任制、农户行为与农业中的环境生态问题 [J]. 北京法学学报 (哲学社会科学版), 1999, 36 (3): 44-52.

[22] 孔祥武, 张凤荣. 中国农户土地用阶段差异及其对粮食生产和生态的影响 [J]. 地理科学进展, 2008, 27 (2): 112-119.

[23] 王佳丽, 黄贤金, 於忠祥. 农户土地利用对环境压力的适应研究进展 [J]. 自然资源学报, 2014, 29 (9): 1598-1612.

[24] 陈利顶, 马岩. 农户经营行为及其对生态环境的影响 [J]. 生

态环境, 2007, 16 (2): 691-697.

[25] 侯俊东, 吕军, 尹伟峰. 农户经营行为对农村生态环境影响研究 [J]. 中国人口·资源与环境, 2012, 22 (3): 26-31.

[26] Hu W. Household land tenure reform in China: it's impact on farming land use and agro-environment [J]. Land Use Policy, 1997, 14: 175-186.

[27] 马中. 环境与资源经济学概论 [M]. 北京: 高等教育出版社, 2001: 22-23.

[28] 孔祥斌, 张凤荣, 其为. 基于农户利用目标的集约化农区土地利用驱动机制分析 [J]. 地理科学进展, 2004, 23 (3): 50-57.

[29] Hardin G. The Tragedy of the Commons [J]. Science, 1968, 162: 1243-1248.

[30] 樊江文, 梁飚. 北方农牧过渡带农户农业生产系统模式的生态评价和改良研究 [J]. 生态学杂志, 2002, 21 (6): 33-35.